一天一篇 小古文

卷三

秋收

主　　编：夫　子

副主编：张朝伟

本册编写：张朝伟

编　　委：范　丽　纪　理　刘　佳　毛　恋　唐　婷　唐玉芝
　　　　　邱鼎淞　王　惠　吴　翮　向丽琴　徐湘辉　晏成立
　　　　　阳　倩　曾婷婷　张朝伟　周方艳　周晓娟

山东教育出版社

·济南·

图书在版编目（CIP）数据

　　一天一篇小古文．卷三，秋收 / 夫子主编．— 济南：
山东教育出版社，2020.5（2025.7 重印）
　　ISBN 978-7-5701-0952-4

　　Ⅰ．①一…　Ⅱ．①夫…　Ⅲ．①文言文—中小学—教学
参考资料　Ⅳ．① G634．303

　　中国版本图书馆 CIP 数据核字（2020）第 008385 号

YI TIAN YI PIAN XIAO GUWEN　JUAN SAN　QIU SHOU
一天一篇小古文　卷三　秋收　　　夫子　主编

主管单位：山东出版传媒股份有限公司
出版发行：山东教育出版社
　　　　　地址：济南市市中区二环南路 2066 号 4 区 1 号
　　　　　邮编：250003　电话：（0531）82092660
　　　　　网址：www.sjs.com.cn
印　　刷：济南华易文化传媒有限公司
版　　次：2020 年 5 月第 1 版
印　　次：2025 年 7 月第 12 次印刷
开　　本：720 mm × 1020 mm　1/16
印　　张：10
印　　数：73001—78000
字　　数：180 千
定　　价：36.00 元

（如印装质量有问题，请与印刷厂联系调换）
印厂电话：18560022896

目 录

秋收

一天一篇小古文

司马光① 砸缸
sī mǎ guāng zá gāng

qún ér xì yú tíng yì ér dēng wèng zú diē mò shuǐ
群儿戏于庭②，一儿登瓮③，足跌没水

zhōng zhòng jiē qì qù guāng chí shí jī wèng pò zhī shuǐ bèng
中。众皆④弃去，光⑤持石击瓮破之，水迸⑥，

ér dé huó
儿得活。

——《宋史》⑦

注释

❶司马光：北宋史学家、文学家。❷庭：庭院。❸瓮：盛物的陶器，口小肚大。❹皆：全，都。❺光：司马光。❻迸：涌出。❼《宋史》：记录宋朝历史的史书，"二十四史"之一，是其中篇幅最庞大的一部官修史书。

参考译文

一群小孩在庭院中嬉戏，一个小孩爬上水缸，失足落入水中。大家都抛下他走了，司马光却拿起石头砸水缸。水缸被砸破后，水涌出来，落水的小孩得救了。

诵读

群儿/戏于庭，一儿/登瓮，足跌/没水中。众/皆弃去，光/持石击瓮/破之，水迸，儿/得活。

这篇文章展现了司马光的机智。朗读第一句时，语速可稍微加快，表现出当时情况的危急。朗读第二句时，可想象司马光双手举起石头砸缸的画面，语气中要带着肯定、赞扬的意味。

访古

古代的水缸

古人经常在门口摆放大水缸，称作"海"。古代的房子以木质结构为主，很容易着火。人们认为门前有了"海"，房屋就不会发生火灾，因为这些容积较大的水缸可以储存大量的水，放在门前可以随时取用，关键时刻能用来灭火。

王戎[①] 不取道旁李

王戎七岁，尝[②]与诸小儿游。看道边李树多子折枝，诸儿竞走[③]取之，唯[④]戎不动。人问之，答曰："树在道边而多子，此必苦李。"取之，信然[⑤]。

——《世说新语》[⑥]

注释

❶ **王戎**：晋朝人，"竹林七贤"之一，自幼聪慧。❷ **尝**：曾经。❸ **竞走**：争着跑过去。❹ **唯**：只有。❺ **信然**：的确如此。❻ **《世说新语》**：魏晋南北朝时期"笔记小说"的代表作，是用文言写成的最早的一部记述名人轶事的小说集，由南朝宋临川王刘义庆主持编写。

参考译文

王戎七岁时，曾经和小朋友们一起玩耍。他们看见路边李子树上结了许多果实，把枝条都压弯了。小朋友们都争着跑过去摘李子，只有王戎没有动。有人问他为什么不去，王戎回答说："这树长在路边却还有这么多李子，李子一定是苦的。"大家摘来一尝，的确如此。

拾趣

王戎很小就表现出了与众不同的气质。据说，他七岁那年，曾在宣武场看老虎表演，谁知老虎突然纵身攀住护栏，发出震天嘶吼，尽管有护栏隔着，众人仍被吓得四处奔逃。在这场突如其来的意外中，只有一个小孩站在那里一动不动，那就是王戎。他神色自若，好像周围发生的一切都和他毫无关系。王戎的临危不乱与旁人的慌乱形成鲜明对比，这一切都被高台上的魏明帝曹叡（ruì）看在眼里，他认定这个孩子长大之后必然不同凡响。

杨氏之子
yáng shì zhī zǐ

梁国杨氏子九岁，甚①聪惠②。孔君平诣③其父，父不在，乃④呼儿出。为设果，果有杨梅。孔指以示⑤儿曰⑥："此是君家果。"儿应声答曰："未闻孔雀是夫子⑦家禽。"

——《世说新语》

注释

❶甚：很。❷惠：同"慧"，智慧的意思。❸诣：拜访。❹乃：就，于是。❺示：给……看。❻曰：说。❼夫子：古时对男子的敬称，这里指孔君平。

参考译文

　　梁国有一户姓杨的人家，家里有一个九岁的孩子，非常聪慧。有一天，孔君平来拜访他的父亲，恰巧他父亲不在家，孔君平就把这个孩子叫了出来。孩子给孔君平端来了水果，水果中有杨梅。孔君平指着杨梅给孩子看，说："这是你家的水果。"孩子马上回答："我可没听说孔雀是先生您家的鸟。"

链接

　　《世说新语》是刘义庆组织编写的。他自幼喜好文学，聪敏过人，深得宋武帝、宋文帝的信任。他13岁时被封为南郡公，17岁升任尚书左仆射。但他为人恬淡寡欲，不愿卷入皇室权力斗争。后来他招集文人学士编写了《世说新语》这样一部清谈之书，以寄情文史。

　　《世说新语》是一部笔记小说集，有"言语""方正"等篇。书中记录了自汉魏至东晋士族阶层的言行，反映了当时士大夫们的思想和生活风气。其语言简练，文字生动鲜活，自问世以来，一直受到文人的喜爱和推崇。

陈太丘①与友期行②

陈太丘与友期行，期日中③。过中不至④，太丘舍去⑤，去后乃⑥至。元方⑦时年⑧七岁，门外戏⑨。客问元方："尊君在不⑩？"答曰："待⑪君⑫久不至，已去。"友人便怒曰："非人哉！与人期行，相委而去⑬。"元方曰："君与家君期日中。日中不至，则是无信；对子骂父，则是无礼。"友人惭，下车引之。元方入门不顾。

——《世说新语》

注释

❶ **陈太丘**：陈寔（shí），东汉人，曾任太丘长。太丘，县名，在今河南永城西北。❷ **期行**：相约同行。期，约定。❸ **日中**：指中午，正午

时分。**④ 过中不至：**过了中午还不来。**⑤ 舍去：**不再等候，就走了。舍，舍弃，放弃。去，离开。**⑥ 乃：**才。**⑦ 元方：**陈寔的长子陈纪，字元方。**⑧ 时年：**这一年。**⑨ 戏：**嬉戏，玩耍。**⑩ 尊君在不：**你父亲在吗？尊君，尊称对方的父亲。不，同"否"。**⑪ 待：**等待。**⑫ 君：**尊称，您。**⑬ 相委而去：**丢下我走了。相，表示动作偏指一方。委，舍弃。

参考译文

陈太丘与一个朋友约好同行，约定的时间是中午。过了中午朋友还没来，陈太丘不再等候，就走了。太丘走后，这个朋友才来。陈元方当时才七岁，在门外玩耍。客人问元方："你父亲在吗？"元方回答说："他等您很久您都不来，已经走了。"朋友生气了，骂道："真不是人哪！跟我约好了一起走，却丢下我一个人走了。"元方说："您跟我父亲约的是中午。您中午不来，就是不讲信用；对着人家的儿子骂他的父亲，就是不懂礼貌。"朋友很惭愧，下车想拉元方的手，元方头也不回地走进了家门。

拾趣

陈寔，字仲弓，是东汉时期的名士。他曾担任太丘长，后世称他为"陈太丘"。

陈寔为人处世总是怀着平和的心态。百姓间若有争执，他判决公正，百姓回去后从没有埋怨的，有人甚至感叹说："宁愿被处罚，也不愿被陈寔批评。"有一年收成不好，有个小偷夜间进入陈寔家，躲在房梁上。陈寔发现了，并未叫人捉拿，而是让子孙聚拢过来，训诫他们说："人要努力上进，坏人不一定本性是坏的，坏习惯往往是由于不注重品性修养而形成的，梁上君子就是这样的人！"小偷听了，非常惭愧，从房梁上跳下来，诚恳认罪。陈寔勉励他改恶向善，并赠送了两匹绢给他。

泰山桂树

客有问陈季方①："足下家君太丘，有何功德，而荷天下重名？"季方曰："吾家君譬如桂树生泰山之阿②，上有万仞之高，下有不测之深；上为甘露所沾③，下为渊泉④所润。当斯之时，桂树焉知泰山之高，渊泉之深？不知有功德与无也。"

——《世说新语》

注释

❶陈季方：陈谌，字季方，陈寔的儿子。❷阿：弯曲的地方。❸沾：沾溉。❹渊泉：深泉。

参考译文

有客人问陈谌："您的父亲有什么功德而能够担当天下如此大的名声呢？"陈谌回答说："我的父亲就像生在泰山山弯里的一棵桂树，上有万仞高峰，下有万丈深渊；上承甘露沾溉，下有渊泉滋润。这时候桂树哪知道泰山有多高，渊泉有多深呢？我不知道我的父亲是有功德呢，还是没有功德。"

拾趣

　　据史书记载，唐玄宗李隆基有一次在泰山"封禅"，整个仪式由宰相张说主持。张说乘机把女婿郑镒由九品官升为五品官。后来玄宗问起郑镒的升迁之事，郑镒支支吾吾，无言以对。在旁边的黄幡绰讥笑他说："这是靠了泰山之力。"玄宗得知张说徇私，很不高兴，便把郑镒降回九品官。后来，人们就把妻父称为"泰山"。因为泰山是五岳之首，所以又称为"岳父"，同时，把妻母称为"岳母"。

古代服饰小知识

在中国古代，服饰的地位很重要，除了基本的遮体、取暖、审美等功能外，还有着丰富的政治、文化含义。

古时中原衣冠有"礼服"与"常服"之分。形制上主要有"上衣下裳"制（裳在古代指下裙）、"深衣"制（把上衣、下裳缝连起来）、"襦裙"制（襦，即短衣）等类型。其中，上衣下裳的冕服是帝王、官员最隆重的礼服，袍服（深衣）是百官及士人等的服装，襦裙则是妇女喜爱的穿着。

汉服，又称汉衣冠、汉装、华服，一般指汉民族的传统服饰。它可以溯源到周代甚至更早，经过秦朝的发展，到了汉代逐渐臻于成熟。

汉服的袖子又称"袂"，宽且长，造型比较独特，显示出典雅庄重、飘逸灵动的风采。

汉服的衣领有交领、圆领、对襟直领等。最典型的领型是"交领右衽"，是指衣襟在胸前交叉，左侧的衣襟压住右侧的衣襟，在外观上表现为一个"y"字形，形成整体服装向右倾斜的效果。反之则称为"左衽"。"交领右衽"的服装传统和中国历来的"以右为尊"的思想是密不可分的。

文苑小憩

古文游戏

一、欣赏下面的古画，说说下列服饰具体分属哪一类。

(   )

(   )

(   )

(   )

二、读"孔融让梨"的故事，根据提示用古文描述故事的内容。

孔融四岁的时候，和各位兄长一起吃梨，孔融选择了最小的一个梨。父亲问他原因，孔融说："我年纪最小，应当拿最小的。"

提示

古文爱简练，单字表意全。人物都用者，日比说更行。

古介：孔融四岁，与诸兄同食梨，融独择小☐，父问☐，融曰："儿☐☐，当取小☐。"

阮咸[1] 晒衣

阮仲容、步兵[2]居道南，诸阮居道北；北阮皆富，南阮贫。七月七日，北阮盛晒衣[3]，皆纱罗锦绮。仲容以竿挂大布[4]犊鼻裈[5]于中庭。人或怪之，答曰："未能免俗，聊复尔耳！"

——《世说新语》

注释

❶ **阮咸**：字仲容，阮籍的侄儿，"竹林七贤"之一。❷ **步兵**：指阮籍，他曾任步兵校尉一职。❸ **晒衣**：古时的习俗，七月初七晒衣裳或书籍，以防虫蛀。❹ **大布**：粗布。❺ **犊鼻裈**：古人干活时穿的一种裤裙。

参考译文

　　阮咸、阮籍住在路南，其他阮姓人住在路北。住在路北的阮姓人都很富有，住在路南的则比较穷。七月七日，路北的阮姓人晒了很多衣服，都是华贵的绫罗绸缎。阮咸就在庭院中用竹竿挂了粗布裤裙。有人觉得奇怪，他说："我不能免俗，姑且这样应付一下罢了！"

访古

阮咸与乐器

　　阮咸善弹琵琶，精通音律，唐代著名的琴曲《三峡流泉》据说就是他所作。他在音乐史上的名气与一件乐器有关。据载，唐朝年间从墓中出土了一件铜制的乐器，这件乐器的形状很特别，和《竹林七贤图》中阮咸手中抱着的乐器很像。于是，大家就把这件乐器称为"阮咸"，简称为"阮"。现代的阮分为大阮、中阮、小阮，是民乐中重要的弹拨乐器。

不识字更快活

梅询①为翰林学士，一日书诏颇多，属思甚苦。操觚②循阶而行，忽见一老卒卧于日中，欠伸甚适。梅忽叹曰："畅③哉！"徐问之曰："汝识字乎？"曰："不识字。"梅曰："更快活也。"

——沈 括④

注释

❶ **梅询**：字昌言，宋朝人，官至翰林侍读学士、给事中。❷ **操觚**：拿着纸笔。觚，古代书写用的木简。❸ **畅**：快活。❹ **沈括**：北宋科学家，代表作《梦溪笔谈》是一部涉及古代中国自然科学、工艺技术及社会历史现象的综合性笔记体著作。

参考译文

梅询为翰林学士时，有一天要起草的诏令文件很多，构思很苦恼。他拿着纸笔沿台阶边想边走，忽然看见一个老兵躺在日光里，暖洋洋地伸着懒腰，很舒适。梅询忽然叹道："真是快活啊！"他慢慢地问老兵："你识字吗？"老兵回答说："不识字。"梅询说："那就更快活了。"

链接

　　沈括一生致力于科学研究，在众多学科领域都有很深的造诣，如在数学方面，他研究出了隙积术、会圆术求解方法；在物理方面，他对指南针进行了深入研究，还记录了声音的共鸣现象，对小孔成像等原理作了准确的描述；在化学方面，他在世界上第一次提出了"石油"这一科学的命名。除此之外，他还在水利、医药、经济、军事、艺术等方面有一定成就。

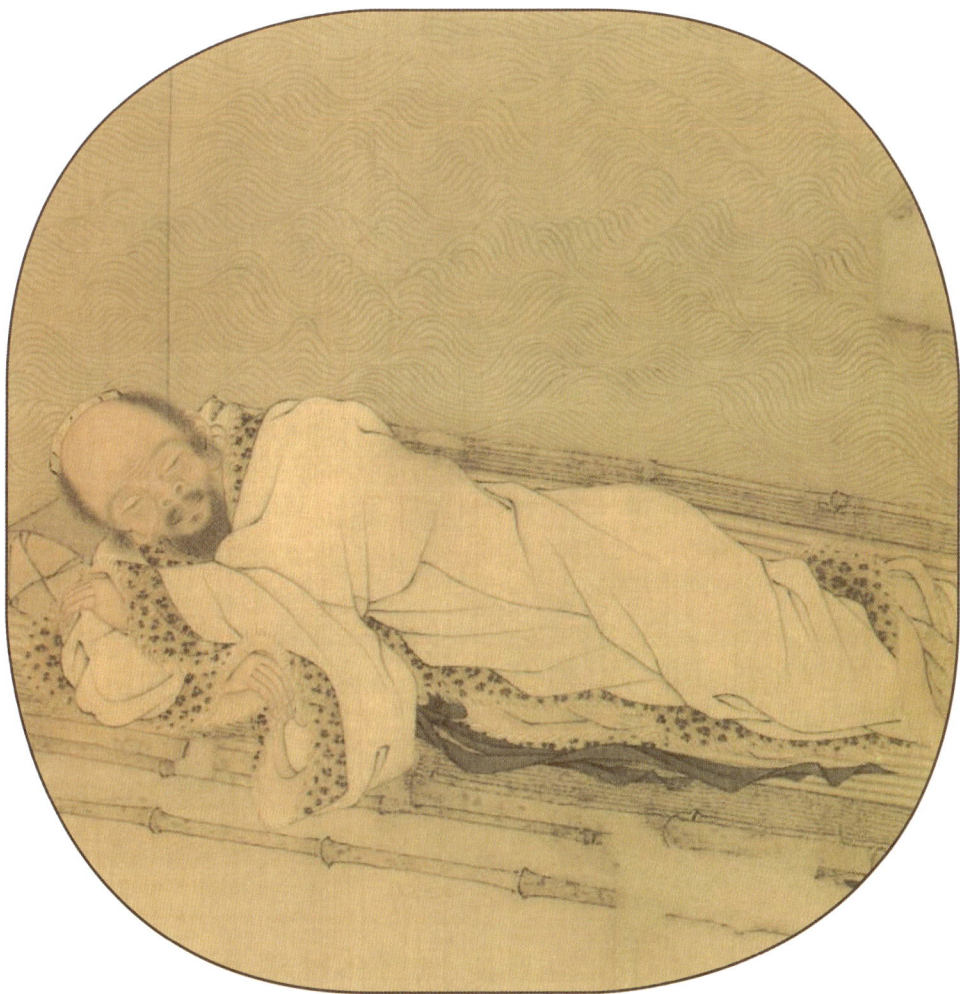

王子猷^①雪夜访戴

王子猷居山阴^②，夜大雪，眠觉^③，开室命酌酒，四望皎然^④。因^⑤起彷徨。咏左思^⑥《招隐》^⑦诗，忽忆戴安道^⑧。时戴在剡^⑨，即便夜乘小船就^⑩之。经宿方至，造^⑪门不前而返。人问其故，王曰："吾本乘兴而行，兴尽而返，何必见戴！"

——《世说新语》

注释

❶ 王子猷：名徽之，字子猷。晋代大书法家王羲之的儿子。❷ 山阴：地名。❸ 眠觉：睡醒。❹ 皎然：洁白、光明的样子。❺ 因：于是。❻ 左思：西晋文学家，字太冲。❼ 《招隐》：共两首，描写隐士生活。❽ 戴安道：戴逵，字安道。他学问广博，隐居不仕。❾ 剡：地名。❿ 就：到，去。⓫ 造：到，至。

参考译文

　　王子猷居住在山阴，一次夜里下大雪，他从睡眠中醒来，打开房门，命令手下斟酒，环顾四周，一片洁白的雪景。于是他起身徘徊。吟诵着左思的《招隐》诗，忽然想起了戴逵。当时戴逵远在剡县，王子猷即刻连夜乘小船前往，船行一夜才到。到了戴逵家门前，王子猷却转身返回。有人问他缘故，王子猷说："我本来就是乘兴而去，兴致没了也就回来了，为什么一定非要见到戴逵呢？"

诗词

招隐·其一

[晋] 左 思

杜策招隐士，荒涂横古今。
岩穴无结构，丘中有鸣琴。
白云停阴冈，丹葩曜阳林。
石泉漱琼瑶，纤鳞或浮沉。
非必丝与竹，山水有清音。
何事待啸歌，灌木自悲吟。
秋菊兼糇粮，幽兰间重襟。
踌躇足力烦，聊欲投吾簪。

阮籍① 丧母

阮籍遭母丧，在晋文王②坐，进酒肉。司隶何曾③亦在坐，曰："明公④方以孝治天下，而阮籍以重丧⑤，显于公坐⑥饮酒食肉，宜流⑦之海外，以正风教。"文王曰："嗣宗毁顿⑧如此，君不能共忧之，何谓？且有疾而饮酒食肉，固⑨丧礼也。"籍饮啖不辍⑩，神色自若。

——《世说新语》

注释

❶ 阮籍：字嗣宗，三国时期魏国诗人，"竹林七贤"之一。❷ 晋文王：司马昭，三国时期曹魏权臣，西晋王朝的奠基人之一。❸ 何曾：字颖考，官司隶校尉。❹ 明公：指司马昭。这是对对方的尊称。❺ 重丧：指父母之死。❻ 显于公坐：堂而皇之地坐在您的座前。❼ 流：流放。❽ 毁顿：指因哀伤过度而损害身体。❾ 固：本来。❿ 不辍：不停。

参考译文

阮籍为母亲服丧期间，在晋文王的宴席上喝酒吃肉。司隶校尉何曾也在席上就座,他对晋文王说:"您用孝治理天下,阮籍现在重丧期间,却堂而皇之地在您的座前喝酒吃肉,应把他流放,以正教化。"文王说:"嗣宗哀伤过度,身体毁损,精神困顿,你不和我一起为他担忧,是为什么呢?而且居丧期间因病而喝酒吃肉,这本来就合乎丧礼啊。"当时阮籍吃喝不停,神色和往常一样。

拾趣

据载,司马昭听说阮籍有一个才貌不俗的女儿,为了拉拢阮籍,他派人登门为他儿子司马炎说亲。阮籍虽不乐意,但又不好直接回绝。于是,他拼命喝酒,每天都喝得酩酊大醉,不省人事,一连醉了六十多天。司马昭派来提亲的人根本无法向他开口,只好放弃了。

刘伶①病酒

刘伶病酒，渴甚，从妇求酒。妇捐②酒毁③器，涕泣谏曰："君饮太过，非摄生④之道，必宜断之！"伶曰："甚善。我不能自禁，唯当祝⑤鬼神，自誓断之耳。便可具⑥酒肉。"妇曰："敬闻命。"供酒肉于神前，请伶祝誓。伶跪而祝曰："天生刘伶，以酒为名⑦，一饮一斛⑧，五斗解酲⑨。妇人之言，慎不可听！"便引⑩酒进肉，隗然⑪已醉矣。

——《世说新语》

注释

❶ 刘伶：魏晋名士，"竹林七贤"之一。❷ 捐：倒。❸ 毁：摔碎。❹ 摄生：养生。❺ 祝：祷告。❻ 具：准备。❼ 名：同"命"，性命。❽ 斛：旧量器，一斛为五斗。❾ 酲：因饮酒过量而神志不清。❿ 引：拿。⓫ 隗然：倾颓。

　　刘伶害了酒病，非常口渴，就向妻子要酒喝。他妻子把酒倒掉，把酒器摔碎，哭着劝刘伶说："你喝酒太多，不是养生的办法，一定要戒掉！"刘伶说："很好。但我自己不能控制自己，只能向鬼神祷告发誓来把酒戒掉。你就准备酒肉吧。"他妻子说："就按你的意思办。"于是，她把酒肉放在神案上，让刘伶来祷告发誓。刘伶跪着说："天生我刘伶，酒是我的命，一次喝一斛，五斗才起步。妇人说的话，千万不能听！"说完，他拿起酒肉就大吃大喝起来，不一会儿就醉倒了。

访古

酒　器

　　酒器指饮酒用的器具。在中国古代，酿酒业的发展使得各种不同类型的酒器应运而生。远古时代的酒器按材质分，主要有陶器、角器、竹木制品等。在商代，中国的酒器就达到了前所未有的繁荣，酒器的类型主要有尊、壶、卮、觚、角、缶等。

七夕"乞巧"知多少

七夕节，又叫乞巧节。在古代，每逢农历七月初七的晚上，姑娘们会在庭院里向织女乞求赋予她们聪慧的心灵和灵巧的双手，更祈求爱情姻缘巧配，故称为"乞巧"。乞巧有很多种方式，如穿针引线验巧、做一些小物品赛巧、摆上瓜果祭拜织女乞巧等。

据说，七夕乞巧的习俗起源于汉代。东晋葛洪的《西京杂记》中有关于女子在七月初七穿七孔针的文字，这是目前已知的古代文献中关于七夕乞巧的最早记载。

牛郎织女的传说使得七夕节独具浪漫色彩。相传，每年的这一晚，是天上的织女星与牛郎星在鹊桥相会之时。七夕坐看牵牛织女星，也是民间很美妙的习俗。传说在七夕的夜晚，抬头可以看到牛郎织女在银河相会，在瓜架下还可以偷听到两人相会时的窃窃私语。

文苑小憩

古文游戏

一、下列不是七夕节别称的是（　　　）。

    A. 女儿节　　　　B. 七月七　　　　C. 乞巧节　　　　D. 情人节

二、下列哪一项不是与七夕节相关的?（　　　）

    A. 迢迢牵牛星，皎皎河汉女。

    B. 两情若是久长时，又岂在朝朝暮暮。

    C. 木兰桨子藕花乡，唱罢厅红晚气凉。

    D. 十年生死两茫茫，不思量，自难忘。

三、欣赏下面的古画，说说你发现了哪些七夕习俗。

秋声赋
qiū shēng fù

盖夫①秋之为状②也，其色惨淡③，烟
gài fú qiū zhī wéi zhuàng yě qí sè cǎn dàn yān

霏④云敛⑤，其容清明，天高日晶⑥，其
fēi yún liǎn qí róng qīng míng tiān gāo rì jīng qí

气栗冽⑦，砭⑧人肌骨，其意萧条，山川
qì lì liè biān rén jī gǔ qí yì xiāo tiáo shān chuān

寂寥。故其为声也，凄凄切切，呼号奋
jì liáo gù qí wéi shēng yě qī qī qiè qiè hū háo fèn

发。丰草绿缛⑨而争茂，佳木葱茏而可
fā fēng cǎo lǜ rù ér zhēng mào jiā mù cōng lóng ér kě

悦，草拂之而色变，木遭之而叶脱。其所
yuè cǎo fú zhī ér sè biàn mù zāo zhī ér yè tuō qí suǒ

以摧败零落者，乃一气⑩之余烈⑪。
yǐ cuī bài líng luò zhě nǎi yī qì zhī yú liè

——欧阳修⑫

注释

❶**盖夫**：句首发语词。❷**状**：情状，样子。❸**惨淡**：黯然无色。❹**烟霏**：烟气浓重。❺**云敛**：云雾聚集。敛，收，聚。❻**日晶**：日光明亮。晶，亮。❼**栗冽**：寒冷。❽**砭**：古代用来治病的石针，这里指刺。❾**绿缛**：碧绿繁茂。❿**一气**：指秋气。⓫**余烈**：余威。⓬**欧阳修**：北宋政治家、文学家，"唐宋八大家"之一。

参考译文

这大概就是秋天呈现的样子：它的色调暗淡，烟飞云拢；它的形貌清新明净，天空高远，日光明亮；它的天气寒冷凛冽，刺人肌骨；它的意境寂寥清冷，毫无生气，川流寂静，山林空旷。因此它发出的声音时而凄切低沉，时而呼啸激扬。绿草浓密丰美，争相繁茂，树木青翠茂盛，让人心情愉悦，一旦秋风拂过，草就变了色，树就落了叶。它用来折断枝叶，使花草凋落、树木凋零的，就是一种秋气的余威。

诵读

这篇文章展现了秋天的形貌，描写了秋的天象、温度、意境、声音等特点。全文采用的多是排比句式，朗读每一组句子时，语速应均匀。另外，应表现出秋天肃杀的气氛，语调要沉郁顿挫，声音要略微低沉。

九辩 jiǔ biàn

悲哉秋之为气也！萧瑟兮草木摇落而变衰，憭慄①兮若在远行，登山临水兮送将归。泬寥②兮天高而气清，寂寥兮收潦③而水清。憯凄④增欷⑤兮薄寒之中⑥人，怆恍⑦懭悢⑧兮去故而就新。坎廪⑨兮贫士失职而志不平，廓落⑩兮羁旅⑪而无友生⑫，惆怅兮而私自怜。

——宋玉⑬

注释

❶憭慄：凄凉。❷泬寥：空旷寥廓。❸潦：积水。❹憯凄：同"惨凄"。❺欷：叹息。❻中：袭。❼怆恍：失意的样子。❽懭悢：也是指失意的样子。❾坎廪：坎坷不平。❿廓落：空虚寂寞的样子。⓫羁旅：滞留外乡。⓬友生：友人。⓭宋玉：楚国辞赋作家，作品有《九辩》《风赋》等，是屈原诗歌艺术的继承者。

参考译文

叫人悲伤啊，这秋天的萧瑟之气！秋风凄凉，草木都枯萎了。凄惨啊，就好像要出远门，登山临水送别伤情。空旷啊，天宇秋高气爽，浊水退尽水面清澈。凄凉叹息啊，秋寒袭人；失意惆怅啊，背井离乡去那新的地方。坎坷啊，贫士困顿意难平；流落在外啊，我没有朋友；惆怅啊，形影相依自我怜悯。

链接

"悲秋"是对萧瑟秋景感到伤感、惶惑。"悲秋"情结影响了中国古代大多数文人，如刘禹锡的诗句"自古逢秋悲寂寥"。看到凋零的秋景，文人们一方面感叹岁月易逝，另一方面慨叹功业无成，自然容易产生悲秋的情绪。

前赤壁赋
qián chì bì fù

壬戌①之秋，七月既望②，苏子与客泛舟游于赤壁之下。清风徐③来，水波不兴④。举酒属⑤客，诵《明月》⑥之诗，歌"窈窕"⑦之章。少焉⑧，月出于东山之上，徘徊于斗、牛⑨之间。白露⑩横江⑪，水光接天。纵⑫一苇之所如，凌万顷之茫然。浩浩乎如冯虚御风⑬，而不知其所止，飘飘乎如遗世独立，羽化而登仙。

——苏 轼⑭

注释

❶壬戌：宋神宗元丰五年（1082）。❷既望：既，过了。望，农历十五日。"既望"指七月十六日。❸徐：舒缓地。❹兴：起，作。❺属：同"嘱"，致意，此处引申为"劝酒"的意思。❻《明月》：指《诗经·陈风·月出》。❼"窈窕"：指《月出》一诗的首章。❽少焉：一会儿。❾斗、牛：星宿名。❿白露：白茫茫的水汽。⓫横江：笼罩江面。横，

横贯。**⑫纵：**任凭。**⑬冯虚御风：**驾风凌空飞行。冯，同"凭"，凭借。虚，空。御，驾驭。**⑭苏轼：**字子瞻，号东坡居士，北宋文学家、书法家、画家，"唐宋八大家"之一。

译文

元丰五年（1082）秋，七月十六日，我和朋友在赤壁下泛舟游玩。清风轻轻地吹来，水面上没有波澜。我举起酒杯向友人劝酒，吟诵《明月》中"窈窕"这一章节。不一会儿，明月从东山后升起，在斗宿与牛宿之间来回移动。白茫茫的水汽横铺江面，水中的光影连着天际。任凭苇叶似的一叶小舟随意漂浮，渡过茫茫无垠的江面。浩浩渺渺仿佛乘风凌空而行，并不知道到哪里才能休止；飘飘摇摇好像要离开尘世，化为轻举飞升的神仙。

诗词

赤　壁

［唐］杜　牧

折戟沉沙铁未销，自将磨洗认前朝。
东风不与周郎便，铜雀春深锁二乔。

访古

赤壁之战

赤壁之战是中国历史上以少胜多、以弱胜强的著名战役。东汉末年，孙权、刘备联合军力在长江赤壁一带大战曹操大军，利用天时地利，火烧赤壁，大破曹军，最终取得胜利。历史上的赤壁，位于今湖北省赤壁市西北，它见证了中国历史上三国鼎立的形成。

秋兴赋

嗟秋日之可哀兮，谅①无愁而不尽。

野有归燕，隰②有翔隼③，游氛朝兴，槁叶夕殒。于是乃屏④轻箑⑤，释纤绤⑥，藉⑦莞蒻⑧，御⑨夹衣。庭树槭⑩以洒落兮，劲风戾⑪而吹帷，蝉嘒嘒⑫而寒吟兮，雁飘飘⑬而南飞。天晃朗⑭以弥高兮，日悠阳⑮而浸微⑯，何微阳之短晷⑰，觉凉夜之方永⑱。

月朣胧⑲以含光⑳兮，露凄清以凝冷。熠耀㉑粲㉒于阶闼㉓兮，蟋蟀鸣乎轩屏㉔；听离鸿之晨吟兮，望流火㉕之余景㉖。

——潘 岳㉗

注释

❶ **谅**：的确。❷ **隰**：低而湿的地方。❸ **隼**：鸟名，凶猛善飞。❹ **屏**：同"摒"，放弃。❺ **箑**：扇子。❻ **纤绤**：细葛布衣服。❼ **藉**：铺上。❽ **莞蒻**：莞和蒻都是草名，此处指席子。❾ **御**：指"穿"。❿ **樕**：树枝无叶的样子。⓫ **戾**：猛烈。⓬ **嘒嘒**：蝉鸣声。⓭ **飘飘**：飞翔的样子。⓮ **晃朗**：明亮的样子。⓯ **悠阳**：太阳将落的样子。⓰ **浸微**：日光越来越微弱。⓱ **晷**：时光。⓲ **方永**：正长。⓳ **朣胧**：月初出似明不明的样子。⓴ **含光**：月光不够明亮如物之含而未吐，光亮没有完全散出。㉑ **熠耀**：指萤火虫。㉒ **粲**：明亮的样子。㉓ **闼**：门。㉔ **轩屏**：堂前屏风。㉕ **流火**：流，指下行。火，指大火星，即心宿。㉖ **余景**：余光。㉗ **潘岳**：西晋文学家，年少时以才智聪颖著称，在文学上与陆机并称"潘江陆海"。

参考译文

嗟叹秋天，觉得悲哀，那的确是没有什么愁可比而又没有尽头了。田野里有归来的燕子，低湿的地方有飞翔的猛禽。在早晨产生漫游的兴致，枯干的树叶傍晚就坠落了。于是就收起轻巧的扇子，脱下纤细的葛衣，铺垫上蒲席，穿上夹衣。庭院的树木枝头空空，叶子都落了，强劲的风凶猛地吹动着帐幕。寒蝉小声低吟，秋雁向南飞去。天空澄明，愈加高远，太阳将落，阳光逐渐微弱。为什么有阳光的白天这么短，那寒冷的夜晚却很长？月色朦胧透出微光，露水凄清凝结着寒气。萤火虫的光亮在台阶门旁闪烁，蟋蟀在小屋的屏帐附近鸣叫。听着掉队的大雁在晨空中低吟，仰头看那流火的余光。

诗词

秋兴八首（其一）

[唐] 杜甫

玉露凋伤枫树林，巫山巫峡气萧森。
江间波浪兼天涌，塞上风云接地阴。
丛菊两开他日泪，孤舟一系故园心。
寒衣处处催刀尺，白帝城高急暮砧。

大龙湫记

　　大德[1]七年秋八月，予尝从老先生[2]来观大龙湫，苦雨积日夜。是日大风起西北，始见日出。湫水方大，入谷，未到五里余，闻大声转[3]出谷中，从者心掉[4]。望见西北立石，作人俯势，又如大楹[5]。行过二百步，乃见更作两股相倚立。更进百数步，又如树大屏风。而其颠谽谺[6]，犹蟹两螯，时一动摇，行者兀兀[7]不可入。转缘南山趾，稍北，回视如树圭。又折而入东崦，则仰见大水从天上堕地，不挂著[8]四壁，或盘桓久不下，忽迸落如震霆。

——李孝光[9]

注释

❶ **大德**：元成宗年号。❷ **老先生**：指泰不华，好学，擅长诗文。
❸ **转**：震动。❹ **心掉**：胆战心惊的意思。❺ **楹**：柱子。❻ **谽谺**：山谷空而大的样子。❼ **兀兀**：恐惧不安的样子。❽ **著**：附着。❾ **李孝光**：元代文学家、学者。

参考译文

大德七年（1303）秋天的八月，我曾经跟随老先生观赏大龙湫瀑布，当时雨日夜下个不停。那一天，大风从西北方向刮起，刮了很久才见到太阳出来。大龙湫的水势正大。进入山谷，走了还不到五里路，就听到巨大的声响从谷中传出来，跟随者都胆战心惊。望见西北方屹立着一座山峰，做出人俯伏的姿势，又很像堂前的柱子。走过二百步，就又见到此峰变成了两座互相支撑站立的山峰。再前行一百多步，此峰就又像是竖立着的大屏风了。它的顶峰裂开而又深陷，仿佛螃蟹的两只螯足，不时地摇动，游人都很紧张而不敢进去。于是转身沿着南山脚，向偏北方向走去，回头再看那山峰就像是树立的玉圭了。又转弯进入东山，抬头就看见大水从天上直落到地上，一点儿水也没沾挂在四面的石壁上，有时水在半空中回旋久久不落下，刹那间又迸落如雷霆万钧。

诗词

大龙湫之瀑

[清] 袁 枚

龙湫之势高绝天，一线瀑走兜罗绵。
五丈收上尚是水，十丈以下全以烟。
况复百丈至千丈，水云烟雾难分焉。

中元节小知识

中元节，中国传统节日之一，节期在每年的农历七月十五，有些地方又称"亡人节""七月半"。这个节日的产生，可追溯到上古时代的祖先崇拜以及农事丰收时的祭祀活动。中元节是追怀先人的传统节日，习俗有祭祖、烧纸、放河灯等。

七月十五日祭祀，这种行为的文化核心是敬祖尽孝。七月半，正是秋天农作物收获的时候，祭祖时正好将丰收的喜悦与祖先分享。祭拜的仪式一般在傍晚时分举行，要把先人的牌位请出来，恭敬地放到祭拜专用的供桌上，再在每位先人的牌位前插上香，供上茶饭。

文苑小憩

古文游戏

一、古代三冥节指的是（　　）。

    A. 中元节　五月节　下元节

    B. 清明节　中元节　寒衣节

    C. 上元节　端午节　中元节

    D. 重阳节　上元节　下元节

二、先理解古文的意思，再仿写。

    比之春，如舍佳人而逢高僧于浣衣洗钵也。

    比之夏，如辞贵游而侣韵士于清泉白石也。

    比之冬，又如耻孤寒而露英雄于夜雨疏灯也。

    比之（　　），如（　　　　）而（　　　　　　）也。

    比之（　　），如（　　　　）而（　　　　　　）也。

    比之（　　），又如（　　　）而（　　　　　　）也。

三、下面是古人过中元节时会用到的一些物品，说说它们分别是什么。

     （　　　）　　　　　　（　　　）

取之有道
qǔ zhī yǒu dào

子①曰："富与贵是人之所欲②也，不以其道③得之，不处④也；贫与贱是人之所恶⑤也，不以其道得之，不去⑥也。"

——《论语》⑦

注释

❶ **子**：指孔子，我国古代思想家、教育家，儒家学派创始人。❷ **欲**：想要。❸ **其道**：指正当的手段。❹ **处**：承受。❺ **恶**：厌恶。❻ **去**：摆脱。❼ **《论语》**：一部记载孔子及其弟子言行的著作，对我国的文化传统、伦理思想有深刻的影响。

参考译文

孔子说："富有和显贵，是人所想要的，但假如不是以正当的途径达到目的，就不承受；贫穷和低贱，是人所厌恶的，但假如不是以正当的途径达到目的，就不抛弃。"

诵读

子曰："富与贵/是人之所欲也，不以其道得之，不处也；贫与贱/是人之所恶也，不以其道得之，不去也。"

孔子的这句话，表现了他对富有显贵、贫穷低贱的态度，朗读时应注意停顿。画线处停顿时间应稍长一些，起到过渡的效果。语速可稍放缓，音调放沉，像长者在告诫晚辈。

链接

"四书",指的是《大学》《中庸》《论语》《孟子》四种儒家经典。南宋时期,儒学集大成者朱熹将《大学》《中庸》《论语》《孟子》合在一起进行注解,称其为四书。四书成为南宋后期至清末几百年来学校指定的教科书和科举考试必读书目,是中国传统文化的重要组成部分。

舍生取义
shě shēng qǔ yì

鱼，我所欲也；熊掌①，亦我所欲也。二者不可得兼②，舍鱼而取③熊掌者也④。生，亦我所欲也；义，亦我所欲也。二者不可得兼，舍生而取义者也。

——《孟子》⑤

注释

❶ 熊掌：熊的掌。 ❷ 兼：同时。 ❸ 取：选择，选取。 ❹ 者也：语气词连用，表示判断语气。 ❺ 《孟子》：儒家经典著作，记录了战国时期思想家孟子及其弟子的政治、教育、哲学、伦理等思想观点。

参考译文

鱼，是我想要的；熊掌，也是我想要的。两者如果不能同时得到，舍弃鱼而选择熊掌。生命，是我想要的；道义，也是我想要的。两者不能同时得到，舍弃生命而选择道义。

诵读

鱼，我所欲也；熊掌，亦我所欲也。二者/不可得兼，舍鱼/而取熊掌者也。生，亦我所欲也；义，亦我所欲也。二者/不可得兼，舍生/而取义者也。

链接

南宋末年文天祥被元军俘虏，元朝廷召见文天祥，问："你有什么愿望？"文天祥答："愿得一死。"他临刑的时候很从容，对看守他的士兵说："我的事情做完了。"他朝南方跪拜行礼后即被处死，年仅四十七岁。几天之后，文天祥的妻子欧阳氏来收殓尸体，看到他的面容和活着的时候一样。他的衣带里有一段自我表白的遗书：孔子说杀身成仁，孟子说舍生取义。只有义尽，才能仁至。读了古代圣贤的书，所学的不是成仁取义的事又是什么呢？从今以后，我大概可以无愧于心了。

书戴嵩①画牛

蜀中有杜处士，好书画，所宝②以百数。有戴嵩《牛》③一轴，尤所爱，锦囊玉轴④，常以自随。

一日曝书画，有一牧童见之，拊掌⑤大笑，曰："此画斗牛也。牛斗，力在角，尾搐⑥入两股间，今乃掉⑦尾而斗，谬⑧矣。"处士笑而然之⑨。古语有云："耕当问奴，织当问婢。"不可改也。

——苏 轼

注释

❶**戴嵩**：唐代画家。❷**所宝**：所珍藏的（书画）。❸**《牛》**：指戴嵩画的《斗牛图》。❹**锦囊玉轴**：用锦缎作画囊，用玉作画轴。❺**拊掌**：拍手。❻**搐**：抽缩。❼**掉**：摆动，摇。❽**谬**：错误。❾**然之**：认为他说得对。

　　四川地区有一个姓杜的处士，他喜欢书画，所珍藏的宝贝有数百件。其中有一幅戴嵩的《斗牛图》，他尤为喜爱，用锦缎作画囊，用玉作画轴，常常随身携带。

　　有一天，他把书画拿出来放在太阳下晾晒。有一个牧童看到了这幅《斗牛图》，拍手大笑，说："这画的是斗牛啊。牛争斗的时候，力气在角上，尾巴紧紧地夹在两条后腿之间，现在这幅画上的牛却摇着尾巴在争斗，画错了。"杜处士笑了，认为他说得有道理。古人有句话说："耕种的事应该去问种庄稼的农民，织布的事应该去问纺纱的婢女。"这个道理是不会改变的。

访古

处士

　　处士也称为"高士""隐士"。古时，人们称有德才却隐居不愿做官的人为处士，后来也指没做过官的读书人。处士隐居不做官，原因大都是厌恶黑暗的官场，他们多被认为是德行高尚的人。

大道①之行也

大道之行也，天下为公。选贤与能②，讲信修睦。故人不独亲③其亲④，不独子其子，使老有所终，壮有所用，幼有所长，矜⑤、寡⑥、孤⑦、独⑧、废疾⑨者皆有所养，男有分⑩，女有归⑪。货恶⑫其弃于地也，不必藏于己；力恶其不出于身也，不必为己。是故⑬谋闭而不兴，盗窃乱贼⑭而不作⑮，故外户⑯而不闭。是谓大同⑰。

——《礼记》⑱

注释

❶ **大道：** 指儒家推崇的上古时代的政治制度。❷ **选贤与能：** 选拔推举品德高尚、有才干的人。贤，指品德高尚。能，指才干出众。与，同"举"。❸ **亲：** 用作动词，以……为亲。❹ **亲：** 指父母。❺ **矜：** 同"鳏"，

老而无妻的人。❻**寡**：老而无夫的人。❼**孤**：幼而无父的孩子。❽**独**：老而无子的人。❾**废疾**：有残疾而不能做事的人。❿**分**：职分，这里指职业、职守。⓫**归**：女子出嫁。⓬**恶**：憎恶。⓭**是故**：因此，所以。⓮**乱贼**：作乱害人。⓯**作**：兴起。⓰**外户**：从外面把门带上。⓱**大同**：指儒家宣扬的理想社会。⓲**《礼记》**：成书于汉代，相传为西汉经学家戴圣编纂，是战国至秦汉间儒学论著的汇编。

参考译文

在大道施行的时候，天下是人们所共有的。选出有贤德和有才能的人给大家办事，人人讲求诚信，崇尚和睦。因此人们不只是奉养自己的父母，不只是抚育自己的子女，要使老年人能终其天年，壮年人能为社会效力，幼童能顺利地成长，使老而无妻的人、老而无夫的人、幼年丧父的孩子、老而无子的人、残疾的人都能够得到供养，男子要有职业，女子要有归宿。财物，厌恶把它扔在地上，但不一定要自己私藏；力气，厌恶它不出于自己，但愿意多出力并不是为了自己的私利。这样一来，奸邪之谋不会发生，不会有人盗窃财物、作乱害人，因此家家户户都不用关上大门了，这就叫作理想社会。

链接

大同，是儒家在《礼记》中提出的一种理想社会状态。在孔子描述的理想世界里，天下太平，没有战争，人人和睦相处，丰衣足食，安居乐业。这也是孔子所推崇的政治理想。

háo liáng zhī biàn
濠梁①之辩

zhuāng zǐ yǔ huì zǐ yóu yú háo liáng zhī shàng zhuāng zǐ yuē
庄子与惠子②游于濠梁之上。庄子曰：

tiáo yú chū yóu cóng róng shì yú zhī lè yě huì
“鲦鱼③出游从容④，是鱼之乐也。”惠

zǐ yuē zǐ fēi yú ān zhī yú zhī lè zhuāng zǐ yuē
子曰：“子非鱼，安知鱼之乐？”庄子曰：

zǐ fēi wǒ ān zhī wǒ bù zhī yú zhī lè huì zǐ yuē
“子非我，安知我不知鱼之乐？”惠子曰：

wǒ fēi zǐ gù bù zhī zǐ yǐ zǐ gù fēi yú yě zǐ
“我非子，固⑤不知子矣；子固非鱼也，子

zhī bù zhī yú zhī lè quán yǐ zhuāng zǐ yuē qǐng xún
之不知鱼之乐，全⑥矣！”庄子曰：“请循

qí běn zǐ yuē rǔ ān zhī yú lè yún zhě jì yǐ
其本⑦。子曰‘汝安知鱼乐’云者，既已

zhī wú zhī zhī ér wèn wǒ wǒ zhī zhī háo shàng yě
知吾知之而问我，我知之濠上也。”

——《庄子》

注释

❶ **濠梁：** 濠水上的桥。❷ **惠子：** 战国中期宋国人，哲学家，庄子的好友。❸ **鲦鱼：** 据考证指白色小鱼。❹ **从容：** 悠闲自得。❺ **固：** 固然。❻ **全：** 完全，确定是。❼ **循其本：** 从最初的话题说起。循，追溯。本，最初。

参考译文

　　庄子和惠子一起在濠水的桥上游玩。庄子说："鲦鱼在河水中游得多么悠闲自得，这是鱼的快乐啊。"惠子说："你不是鱼，哪里知道鱼的快乐呢？"庄子说："你不是我，怎么知道我不知道鱼的快乐呢？"惠子说："我不是你，固然不知道你的想法；你本来就不是鱼，你不知道鱼的快乐，这是完全可以确定的。"庄子说："让我们回到最初的话题。你问我'你哪里知道鱼的快乐'等，就说明你很清楚我知道，所以才来问我是在哪里知道的。我是在濠水之上知道的。"

《四库全书》简介

中国古代的典籍数不胜数。一部古籍在流传过程中，由于人为或自然的损坏，可能会散佚严重。为了更好地保存这些典籍，古人将各种单独的著作汇集起来，编成一部大书，再加上一个总的书名，便成了丛书。

《四库全书》就是中国古代史上最大的一部丛书，编撰于清朝乾隆年间，共收录了三千多种图书，分为经、史、子、集四个部分。内容涵盖了中国古代的政治、经济、科学技术、哲学思想以及文学艺术等各个方面，可以称为迄今为止中华传统文化最丰富、最完备的集成之作。

《四库全书》是在清高宗乾隆帝的主持下编纂的，为编纂此书，清朝专门设立四库全书馆，召集了全国各地最有名望的学者，代表人物有纪昀（纪晓岚）、陆锡熊、戴震等。纪昀身为总纂官，全程参与了修书工作。全书的体例、分类以及各部类中书籍排序等都由他确定。在他的主持和组织下，学者们经过十多年的努力，终于完成了任务。

文苑小憩

古文游戏

一、仿写古文。

　　　　鱼，我所欲也；熊掌，亦我所欲也。二者不可得兼，舍鱼而取熊掌者也。生，亦我所欲也；义，亦我所欲也。二者不可得兼，舍生而取义者也。

　　　　（　　　），我所欲也；（　　　），亦我所欲也。二者不可得兼，舍（　　　）而取（　　　）者也。（　　　），亦我所欲也；（　　　），亦我所欲也。二者不可得兼，舍（　　　）而取（　　　）者也。

二、了解《四库全书》中经、史、子、集四部的分类规则，再从下面这些不同种类的古籍中找出"经"部的古籍。

　　　　《伤寒杂病论》　　　《史记》　　　　《后汉书》
　　　　《周易》　　　　　　《诗经》　　　　《尔雅》
　　　　《论语》　　　　　　《九章算术》　　《搜神记》
　　　　《孟子》　　　　　　《吕氏春秋》　　《孙子兵法》

_____

_____

┌─────────────────────────────────────┐
成语收藏夹

取之有道：指通过正当的途径去获取财物等。

　造句：爸爸告诫小军，对待财富要取之有道。

舍生取义：原指生命和道义二者不能兼得时，就选择道义而舍弃生命。后用来指为正义而牺牲生命。

　造句：为了纪念这位舍生取义的勇士，村民们铸造了他的铜像。
└─────────────────────────────────────┘

铁杵① 成针

磨针溪，在象耳山下。世传李太白读书山中，未成，弃去。过是②溪，逢老媪③方④磨铁杵。问之，曰："欲作针。"太白感其意⑤，还卒业⑥。

——祝　穆⑦

注释

❶ 铁杵：铁棒，用来舂米或捣衣等。❷ 是：这。❸ 老媪：年老的妇女。❹ 方：正在。❺ 感其意：被她的意志感动。❻ 卒业：完成学业。❼ 祝穆：南宋刻书家、藏书家，编撰了地理类书籍《方舆胜览》。

参考译文

磨针溪坐落在象耳山下。传说李白在山中读书的时候，没有完成自己的学业，就放弃学习离开了。他路过这条小溪时，遇见一位老妇人正在磨铁棒，便问她要做什么。老妇人说："我想把它磨成针。"李白被她的意志感动，就回去完成了学业。

拾趣

传说李白七岁时，他的父母想给他起一个正式的名字。李白的父母酷爱读书，他们希望李白做一个高雅脱俗的人。一次，父亲酝酿起名，同母亲商量好，要在庭院散步时考考李白作诗的能力。父亲看着春日庭院中的葱翠树木、似锦繁花，开口吟道："春日送暖百花开，迎春绽金它先来。"母亲接着道："火烧叶林红霞落。"李白知道父母吟了诗的前三句，故意留下最后一句，希望自己接下去。他走到盛开的李花前，沉思片刻，说："李花怒放一树白。""白"字，不正说出了李花的圣洁高雅吗？于是，父亲便决定把"白"字选作孩子的名字。

锲而不舍

不积跬①步，无以至千里；不积小流②，无以成江海。骐骥③一跃，不能十步；驽马④十驾⑤，功在不舍。锲⑥而舍之，朽木不折；锲而不舍，金石可镂⑦。

——《荀子》⑧

注释

① 跬：半步。② 小流：细小的流水。③ 骐骥：骏马。④ 驽马：劣马。
⑤ 十驾：驾车走十天。⑥ 锲：雕刻。⑦ 镂：雕刻。⑧《荀子》：战国后期儒家学派的重要著作，由荀子及其弟子著述而成。

参考译文

不从一步半步开始积累，就没有办法到达千里之远；不积累细小的流水，就没有办法汇成江河大海。骏马一跃，也不足十步远；劣马拉车走十天，也能到达目的地，这是因为它一直前行，不曾停止。用刀刻东西，如果雕刻几下就停下来了，那么腐烂的木头也刻不断；如果不停地刻下去，那么金石也能刻穿。

链接

据载，宋朝张乖崖在崇阳县担任县令时，崇阳盗窃成风，甚至连县衙的银库也经常发生财物失窃的事件。张乖崖决心要好好整治这股歪风。

有一天，他在衙门周围巡行，忽然看到一个小吏慌慌张张地从银库中走出来。张乖崖喝住小吏，随后在他的头巾里搜到一枚铜钱。张乖崖把这个小吏带回大堂，下令拷打。小吏不服气："一文钱算得了什么？你也只能打我，难道还能杀我？"张乖崖大怒，正色道："一日一钱，千日千钱，绳锯木断，水滴石穿！"为了惩罚这种行为，张乖崖当堂斩了这个小吏。

牛角挂书

密①以蒲鞯②乘牛，挂《汉书》一帙③角上，行且读。越国公杨素④适⑤见于道，按辔⑥蹑⑦其后，曰："何书生勤如此？"密识素⑧，下拜。问所读，曰："《项羽传》。"因⑨与语⑩，奇之⑪。归谓子玄感⑫曰："吾观密识度⑬，非若等辈⑭。"玄感遂⑮倾心结纳⑯。

——《新唐书》⑰

注释

❶ 密：李密，隋末唐初的农民起义军领袖之一。❷ 鞯：马鞍下的衬垫。
❸ 帙：书套，指书卷。❹ 杨素：隋朝名臣。❺ 适：恰逢，正赶上。
❻ 按辔：拉住马的缰绳。❼ 蹑：追随。❽ 素：杨素。❾ 因：于是，因此。❿ 语：交谈。⓫ 奇之：认为他是个奇才。⓬ 玄感：杨素的长子。
⓭ 识度：见识和风度。⓮ 非若等辈：不同于你们这些人。若，你，你们。
⓯ 遂：于是，就。⓰ 结纳：结交接纳。⓱《新唐书》：由北宋时期宋祁、欧阳修、范镇、吕夏卿等合撰的一部记载唐朝历史的纪传体史书，属"二十四史"之一。

参考译文

　　李密用蒲草做的衬垫当鞍骑在牛背上，他在牛角上挂了一卷《汉书》，一边走一边看。越国公杨素正巧在路上看见，慢慢地跟在他后面，问："哪来的书生这般勤奋？"李密认识杨素，从牛背上下来参拜。杨素问他读的是什么，他回答说："《项羽传》。"杨素于是和他交谈，觉得他是个奇才。杨素回家后对儿子杨玄感说："我看李密的见识气度，不是你们能比的。"杨玄感因此就倾心结交李密。

链接

　　李密，字玄邃，西魏名将李弼的曾孙。他文武双全，志向远大，常以救世济民为己任。他平时不吝家产，救济自己的亲朋好友，还养有很多门客，对贤才礼遇有加。他喜欢读书，尤其喜好兵书，常能背诵。

勤学的司马光

司马温公①幼时，患②记问不若③人。群居讲习，众④兄弟既⑤成诵游息矣，独下帷⑥绝编⑦，迨⑧能倍诵⑨乃⑩止。用力多者收功远，其所精诵，乃终身不忘也。

温公尝⑪言："书不可不成诵，或⑫在马上，或中夜⑬不寝时，咏⑭其文，思其义，所得多矣。"

——朱 熹⑮

注释

❶ 司马温公：指司马光。❷ 患：担忧，忧虑。❸ 不若：比不上。❹ 众：众多。❺ 既：已经。❻ 下帷：原指汉代董仲舒下帷讲学，三年不看窗外事。这里指专心读书。❼ 绝编：据《史记》记载，孔子读《周易》，"韦编三绝"（意思是，翻阅的次数多了，编木简的牛皮绳子被多次折断）。这里指读书勤奋。❽ 迨：到，等到。❾ 倍诵："倍"同"背"，背诵。❿ 乃：才，就。⓫ 尝：曾经。⓬ 或：有时。⓭ 中夜：半夜。⓮ 咏：吟咏。⓯ 朱熹：南宋理学家、哲学家、教育家，儒学集大成者，

生平主要从事著书、讲学，对经学、史学、文学等都有贡献。著述有《四书章句集注》《周易读本》《楚辞集注》等。

参考译文

　　司马光幼年时，担心自己记诵诗书以备应答的能力不如别人。大家聚在一起学习，别的兄弟一旦会背诵了就去玩耍休息，唯独司马光留下来，专心刻苦地读书，一直到能够背得烂熟于心为止。因为读书时下的功夫多，收获大，所以他所精读和背诵过的书，能够终身不忘。司马光曾经说："读书不能不背诵，当你在骑马赶路的时候，在半夜睡不着觉的时候，吟咏读过的文章，想想它的意思，收获会非常大。"

为学一首示子侄
wéi xué yì shǒu shì zǐ zhí

蜀①之鄙②有二僧：其一贫，其一富。贫者语于富者曰："吾欲之南海，何如？"富者曰："子何恃③而往？"曰："吾一瓶一钵④足矣。"富者曰："吾数年来欲买舟而下，犹未能也，子何恃而往！"越⑤明年⑥，贫者自⑦南海还，以告富者，富者有惭色。

——彭端淑⑧

注释

❶蜀：今四川。❷鄙：边远的地方。❸恃：凭借。❹钵：一般指僧人所用的食器。❺越：到。❻明年：第二年。❼自：从。❽彭端淑：字乐斋，号仪一，清代著名文学家，与李调元、张问陶被后人并称为"清代四川三才子"。

参考译文

四川的边远地区有两个和尚，一个贫穷，一个富有。穷和尚对富和尚说："我想去南海，你看怎么样？"富和尚说："你凭借什么去？"

穷和尚说："我只要一个水瓶和一个饭钵就够了。"富和尚说："我多年来一直想买船顺江而下，到现在还没去成。你凭借什么去！"到了第二年，穷和尚从南海回来了，他把到过南海的事讲给富和尚听。富和尚听了，露出惭愧的神情。

链接

衣钵，是从佛教用语里演化而来的一个词。衣是指主持或方丈的袈裟或法衣，钵是僧人化缘用的器皿。后来，人们也将一般师徒间传授思想、技能，称作"衣钵相传"。

《永乐大典》简介

　　"类书"是我国古代一种资料汇编型的图书，相当于现在的百科全书。《永乐大典》是我国历史上最大的一部类书，该书共两万多卷，约三亿七千多万字，辑录的图书达七八千种。这部类书汇集经史子集、百家之言、天文地理、阴阳之术，内容非常丰富。

　　据传，明成祖朱棣继位后，命令大学士解缙主持编纂一部大型的类书。解缙召集一百多人，匆匆编纂，第二年就编成了《文献大成》。明成祖审阅后，认为内容过于简单，不符合他的原意。永乐三年（1405），他决定重新修纂，并向全国各地采购大批书籍。为了购得散落于民间的奇书，明成祖说："不管花多大价钱，要统统买下，这样就可以买到不少奇书了。"在皇帝的关心与支持下，解缙等人废寝忘食、夜以继日地工作，历经四年，这部大书终于告成了。明成祖非常满意，亲自撰写了序言，并确定了书名——《永乐大典》。

　　《永乐大典》成书后，因卷帙过多，一直没能刊印，只抄录了正副两本，分别收藏在南京与北京。后来，南京的原本毁于一场火灾，北京所存的副本也相继散佚了。据统计，中外现存的《永乐大典》书稿不及原书的百分之四。

　　《永乐大典》不仅是我国文化遗产中的珍品，在世界文化史上也具有崇高地位。即便在今天，其残存本仍对补辑工作有着重要的意义。

文苑小憩

古文游戏

一、下面是一副流传了几百年的著名对联，相传出自解缙之笔。请将
下联补充完整。

上联：墙上芦苇，头重脚轻根底浅。

下联：山间 ☐☐ ，嘴尖皮厚腹中空。

二、猜谜语。

1. 读书不误人。（打一成语）

谜底：＿＿＿＿＿＿＿＿＿＿

2. 画时圆，写时方，冬时短，夏时长。（打一字）

谜底：＿＿＿＿＿＿＿＿＿＿

3. 上不在上，下不在下，不可在上，且宜在下。（打一字）

谜底：＿＿＿＿＿＿＿＿＿＿

成语收藏夹

锲而不舍：雕刻一件东西，一直刻下去不放手。比喻做事情坚持到底，
不半途而废。也形容有恒心，有毅力。

造句：只有坚持锲而不舍的精神，才能成功。

铁杵成针：比喻只要下苦功，坚持不懈，再难办的事也能办成。

造句：发扬铁杵成针的精神，肯定会有所收获。

食不厌精
shí bú yàn jīng

食不厌精，脍不厌细。食饐而餲①、鱼馁而肉败②，不食；色恶，不食；臭①恶，不食；失饪④，不食；不时，不食；割不正⑤，不食；不得其酱，不食。肉虽多，不使胜食气⑥。惟酒无量，不及乱⑦。沽酒市脯⑧，不食。不撤姜食，不多食。

——《论语》

注释

❶ **食饐而餲**：食物放久了腐烂变味。❷ **鱼馁而肉败**：指鱼、肉腐烂。鱼腐烂称"馁"，肉腐烂称"败"。❸ **臭**：气味。❹ **失饪**：烹调不当。❺ **割不正**：切割不方正。❻ **食气**："气"同"饩"。指谷物等饭食。❼ **乱**：醉酒。❽ **沽酒市脯**：买来的酒和干肉。

参考译文

　　食物不嫌做得精，鱼和肉不嫌切得细。食物放久变味，鱼臭肉烂，不吃；颜色难看，不吃；气味难闻，不吃；烹调不当，不吃；不合时令，不吃；切割不方正，不吃；没有一定调味的酱料，不吃。肉即使很多，吃时不使它超过饭量。只有酒不限量，但不喝到醉。买来的酒和干肉，不吃。进食时不去除（剔除）姜，但不多吃。

链接

　　孔子"食不厌精，脍不厌细"的八字主张，是他就当时祭祀的原则提出的。主要是指在做祭祀用的食物时，应选用上好的原料，加工时要尽可能精细，这样才能达到尽"仁"尽"礼"的标准。

　　"精"区别于一般人食用的粗粝，孔子主张祭祀应选用好的米，所以有"食不厌精"；"脍"是指肉类必须切得薄、细，味道才能更可口，也便于咀嚼和消化，这就是"脍不厌细"。孔子的论述，体现了他主张恪守祭礼食规的思想和文明科学的进食原则。

饮食之道

声音之道，丝[1]不如竹[2]，竹不如肉[3]，为其渐近自然。吾谓饮食之道，脍[4]不如肉[5]，肉不如蔬[6]，亦以其渐近自然也。

草衣木食[7]，上古之风，人能疏远肥腻，食蔬蕨[8]而甘之，腹中菜园，不使羊来踏破，是犹作[9]羲皇[10]之民，鼓唐虞[11]之腹，与崇尚古玩[12]同一致也。

——李渔[13]

注释

[1]丝：弦乐器。**[2]竹**：管乐器。**[3]肉**：指用嘴或者身体其他部位发出的声音。**[4]脍**：切得很细的鱼、肉。**[5]肉**：泛指普通的肉。**[6]蔬**：蔬菜。**[7]草衣木食**：以草为衣，以木为食。**[8]蕨**：蕨菜，一种野菜。**[9]犹作**：仍然作为。**[10]羲皇**：即伏羲氏，传说中的"三皇"之一。**[11]唐虞**：即唐尧、虞舜，皆名列传说中的"五帝"。**[12]古玩**：古董文物。**[13]李渔**：原名仙侣，后改名渔，字谪凡，号笠翁。明末清初文学家、美学家。

参考译文

　　在音乐上，弦乐不如管乐，管乐不如声乐，这是因为后者更贴近自然。我觉得在饮食上，切得很细的肉不如普通的肉，普通的肉又不如蔬菜，这也是因为后者更贴近自然。穿草衣吃素食，是上古时代的民风，人们都远离肥腻的东西而喜欢吃蔬菜。肚里装的都是蔬菜，不去吃鲜美的牛羊等肉食，与上古"三皇五帝"时期的人一样，保持这样的饮食习惯，这与崇尚古董文物是同一个道理。

荔枝图序

荔枝生巴峡①间。树形团团②如帷盖。叶如桂③，冬青④；华如橘⑤，春荣⑥；实⑦如丹，夏熟。朵⑧如葡萄，核如枇杷，壳如红缯⑨，膜⑩如紫绡，瓤肉⑪莹白如冰雪，浆液甘酸如醴⑫酪。大略如彼，其实过之。若离本枝，一日而色变，二日而香变，三日而味变，四五日外，色香味尽去⑬矣。

——白居易⑭

注释

❶ **巴峡**：指唐代的巴州和峡州。其时还有其他产荔枝的地方。❷ **团团**：圆圆的。❸ **桂**：常绿小乔木，叶与荔枝叶相似。❹ **冬青**：在冬天是绿色的。❺ **华如橘**：花朵像橘树的花朵。橘，常绿乔木。华，同"花"。❻ **春荣**：春天开花。荣，开花。❼ **实**：果实。❽ **朵**：这里指果实聚成的串。❾ **红缯**：红色的丝绸。缯，丝织品的总称，相当于现在的丝绸。

⑩ **膜：**包在果肉表面的薄皮。⑪ **瓤肉：**果肉。⑫ **醴：**甜酒。⑬ **去：**消失。
⑭ **白居易：**字乐天，号香山居士，唐代伟大的现实主义诗人。他的诗歌平易近人，通俗易懂。

参考译文

　　荔枝生长在巴州和峡州之间。它的树形是圆形的，很像帷幕和篷盖。叶像桂树的叶，冬季是绿色的；花像橘树的花，在春天开放；果实像丹砂那样红，在夏季成熟。果实像葡萄一样聚成簇，核像枇杷的核，壳像红绸，膜像紫绸，瓤肉像冰雪一样晶莹洁白，浆液像甜酒乳酪那样酸甜。关于荔枝，大概如同前面所说的那样，它实际的情况比介绍的还要好。假如果实离开树枝，一天颜色就变了，两天香味就变了，三天味道就变了，四五天以后，色香味就全消失了。

乳酪[1]

乳酪自驵侩[2]为之，气味已失，再无佳理。余自豢一牛，夜取乳置盆盎，比晓[3]，乳花簇起尺许，用铜铛煮之，瀹[4]兰雪汁，乳斤和汁四瓯，百沸之。玉液珠胶，雪腴霜腻，吹气胜兰，沁人肺腑，自是天供。或用鹤觞花露入甑[5]蒸之，以热妙；或用豆粉搀和，漉之成腐，以冷妙。或煎酥，或作皮，或缚饼，或酒凝，或盐腌，或醋捉，无不佳妙。而苏州过小拙[6]和以蔗浆霜[7]，熬之、滤之、钻之、掇之、印之，为带骨鲍螺，天下称至味。其制法秘甚，锁密房，以纸封固，虽父子不轻传之。

——张岱[8]

注释

❶ 乳酪：一种奶制品。从乳清中分离凝乳，凝结成软干酪，再压制成硬干酪，用作食品。**❷ 驵侩**：牲畜交易的中间人。这里泛指商人。**❸ 比晓**：等到天亮。**❹ 瀹**：浸渍。**❺ 甗**：古代的一种炊具。**❻ 过小拙**：人名或作坊名号。**❼ 蔗浆霜**：用甘蔗压榨的浆汁熬制的糖霜（蔗糖的半成品）。**❽ 张岱**：明末清初文学家、史学家，代表作《陶庵梦忆》描述了明代江浙地区的社会生活。

参考译文

从商贩那里买的乳酪已经失去了气味，不能再称之为美味了。我自己养了一头牛，每天夜里取满一盆奶，放到早上，乳花能堆起一尺来高，然后用铜铛煮，可以添加兰雪汁，用一斤乳和四瓶兰雪汁反复煮沸。煮出的汁液如同玉露琼浆，颜色像霜雪一样白，气味像兰花一样沁人心脾，自然是天之佳作。也可用美酒、花露加入锅里蒸，热着吃是最妙的；或掺入豆粉，过滤成豆腐，这个冷却后吃是最妙的；或煎得酥脆，或做成奶皮，或做成缚饼，或用酒凝，或用盐腌，或用醋拌，各种做法都是极妙的。而苏州的"过小拙"把乳酪和以蔗浆霜，熬煮、过滤、穿孔、拾取、印上花纹，最后制成带骨鲍螺，天下人称这是人间美味。这种制法需要保密，用纸封存好锁在密室里，即使是父子，也不轻易传授。

诗词

上京即事

［元］ 萨都剌

牛羊散漫落日下，野草生香乳酪甜。

卷地朔风沙似雪，家家行帐下毡帘。

蟹会

食品不加盐醋而五味全者，为蝤、为河蟹。河蟹至十月与稻粱①俱肥，壳如盘大，坟起②，而紫螯巨如拳，小脚肉出。掀其壳，膏腻堆积，如玉脂珀屑，团结③不散，甘腴④虽八珍⑤不及。一到十月，余与友人兄弟辈立蟹会，期于午后至，煮蟹食之，人六只⑥，恐冷腥，迭番⑦煮之。从以肥腊鸭、牛乳酪。醉蝤如琥珀，以鸭汁煮白菜如玉版。果瓜以谢橘⑧、以风栗⑨、以风菱⑩。饮以玉壶冰，蔬以兵坑笋⑪，饭以新余杭白⑫，漱以兰雪茶。由今思之，真如天厨仙供，酒醉饭饱，惭愧惭愧。

——张　岱

070

注释

❶ 稻粱：泛指粮食。 ❷ 坟起：像坟包一样隆起。 ❸ 团结：结成团块。
❹ 甘腴：味道肥美。 ❺ 八珍：泛指珍馐美味。 ❻ 人六只：每人六只。
❼ 迭番：依次轮番。 ❽ 谢橘：刚摘的橘子。 ❾ 风栗：风干的栗子。
❿ 风菱：风干的菱角。 ⓫ 兵坑笋：兵坑产的笋。兵坑，地名，以产
笋闻名。 ⓬ 白：白米。

参考译文

在食物中，不需要加盐、醋等调料仍然五味俱全的，就数蚶和河
蟹了。河蟹在十月与粮食一起成熟，壳像盘子一样大，中间隆起，蟹
螯大得像拳头，蟹腿肉质饱满。掀开壳，满是蟹膏，就像碎玉聚在一
起，它的甘美就是八珍也比不上。每到十月，我就和朋友兄弟聚在一
起成立蟹会，一般时间定在午后，把蟹煮了吃，一人六只，因为担心
冷了有腥味，就分开来一次次地煮。桌上还有肥肥的腊鸭子、牛乳酪。
醉蚶就像琥珀，用鸭汁来煮白菜，就像整块的玉一样。瓜果则有刚摘
的橘子、风干的板栗和菱角，酒用玉壶冰，蔬菜是兵坑笋，饭是新余
杭白，茶用兰雪茶。如今遥想，就像是天上的神厨做给仙人的供品啊，
酒足饭饱，真是令人惭愧。

链接

本文选自《陶庵梦忆》。此书记述了张岱亲身经历过的杂事，详
细描述了明代江浙地区的社会生活，如说书演戏、茶楼酒肆、斗鸡养
鸟、放灯迎神以及山水风景、工艺书画等。其中有对贵族子弟生活的
描写，更多的是对社会生活和风俗人情的反映，是研究明代文化的重
要参考文献。

古人的常用食器

上古时期，人们使用的主要是陶制和青铜食器。后来，随着制瓷技术的发展，瓷制食器开始流行。古人的常用食器主要包括箸、鼎、鬲、甑、盂、敦、笾等。

箸：夹食的用具。

鼎：煮肉和盛肉的食器。因为古时烹饪知识较贫乏，当时都是将牛羊简单肢解后，直接放入鼎中煮，所以鼎的体积一般很大。

鬲：煮粥的食器。体型一般较小，圆口，三足，有把手和提耳。

甑：蒸饭用的食器，通常和鬲连用。甑中放入米等食物后，整个放在鬲上，然后加热鬲，将热量传至甑，蒸熟食物。

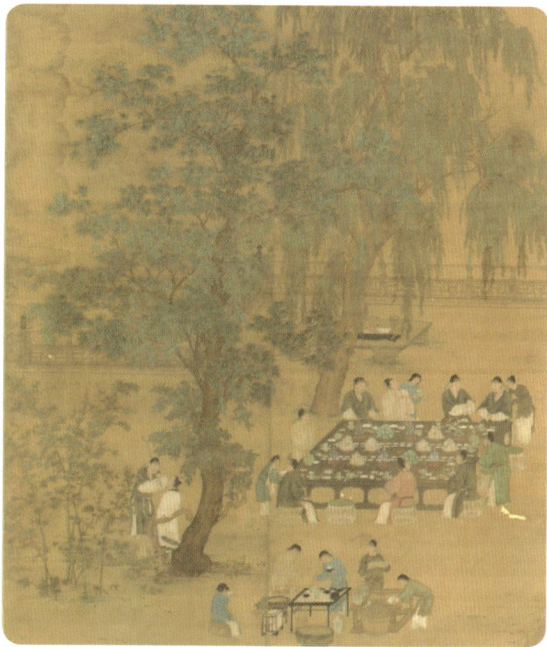

盂：盛放液体的食器，有三足，也有的是圈足，和鬲的形状相似。

敦：盛五谷的食器，常在祭祀活动中使用。形状像香炉，但形体较大，没有气孔。

笾：盛果品、干肉等的食器，多是由竹编成的。

文苑小憩

古文游戏

一、认一认，给下列图片中的古代器皿选择正确的名称。

鼎　　高　　筼　　箸

二、欣赏下面的古画，说说你都看到了哪些古代食器。

三、结合自己的生活习惯，仿写古文。

1. 色恶，不食；臭恶，不食；失饪，不食；不时，不食；割不正，不食；不得其酱，不食。

（　　　　　），不食；（　　　　　），不食；（　　　　　），不食；（　　　　　），不食；（　　　　　），不食；（　　　　　），不食。

2. 饮以玉壶冰，蔬以兵坑笋，饭以新余杭白，漱以兰雪茶。

饮以（　　　　），蔬以（　　　　），饭以（　　　　），漱以（　　　　）。

读书有三到

余尝谓① 读书有三到，谓心到、眼到、口到。心不在此，则眼不看仔细，心眼既不专一，却只漫浪②诵读，决不能记，记亦不能久也。三到之中，心到最急③。心既到矣，眼口岂不到乎？

——朱 熹

注释

❶谓：说。 ❷漫浪：随意。 ❸急：要紧，重要。

参考译文

　　我曾经说过读书有"三到"，即心到、眼到、口到。心思不在书本上，那么眼睛就不会仔细看，心和眼睛既然不在同一处，就只能随意地诵读，那一定记不住所学的内容，即使记住了也记不长久。"三到"之中，心到最重要。若心到了，眼睛、嘴巴哪会有不到的呢？

诗词

符读书城南（节选）

[唐]韩　愈

木之就规矩，在梓匠轮舆。
人之能为人，由腹有诗书。
诗书勤乃有，不勤腹空虚。
欲知学之力，贤愚同一初。

学 弈

弈秋①，通国②之善弈者也。使弈秋诲二人弈，其一人专心致志，惟弈秋之为听；一人虽听之，一心以为有鸿鹄③将至，思援④弓缴⑤而射之。虽与之俱学，弗若⑥之矣。为是其智弗若与？曰：非然⑦也。

——《孟子》

注释

❶弈秋："秋"是人名，因善于下棋，所以称为"弈秋"。❷通国：全国。❸鸿鹄：指天鹅、大雁一类的鸟。❹援：引，拉。❺缴：指带有丝绳的箭。❻弗若：不如，比不上。❼然：代词，这样。

参考译文

弈秋是全国最善于下棋的人。让他教两个人下棋，其中一个人专心致志，一心一意，只听弈秋的教导；而另一个人虽然也听讲，可是一心想着天上有天鹅大雁要飞过来，总想拉弓搭箭去射它。这个人虽然同前一个人一起学习，成绩却不如前一个人。这是因为他的智力不如前一个人吗？并非如此。

访古

弈

围棋起源于中国，是一种棋类游戏，古时叫作"弈"，属于"琴棋书画"之一，是古代文人要学习的一项技艺。在古代，下棋的双方在对角的星位处各摆放两颗棋子，称之为"座子"，然后由执白棋的一方先行。现代围棋由黑棋先行，规则也有变化。围棋被认为是中国文化的象征之一，也是世界上最深奥的棋盘游戏之一。

读书三要

盖士人[1]读书，第一要有志，第二要有识，第三要有恒[2]。有志则断不甘为下流[3]；有识则知学问无尽，不敢以一得自足，如河伯之观海，如井蛙之窥天，皆无识者也；有恒者则断无不成之事。此三者缺一不可。

——曾国藩[4]

注释

❶**士人**：读书人，泛指知识阶层。❷**恒**：恒心。❸**下流**：下等，劣等。
❹**曾国藩**：晚清时期政治家、文学家，他勤奋好学，修身律己，对后世影响颇大。

参考译文

　　士人读书，第一要有志向，第二要有见识，第三要有恒心。有志向的人一定不甘心成为下等人；有见识的人才知道做学问没有尽头，不会因为有一点儿收获就满足，像河伯看海、井底之蛙观天，这都是没有见识的；有恒心的人则没有成不了的事情。这三点缺一不可。

访古

士

　　在先秦时期，士指的多是贵族阶层。春秋时期，士大多为卿大夫的家臣。战国以后，士逐渐成为统治阶级中知识分子的统称，泛指读书人。士有著书立说的学士、懂阴阳历算的方士、为知己者死的勇士，还有为人出谋划策的策士等。

凿壁借光

匡衡[1]字稚圭，勤学而无烛。邻舍有烛而不逮[2]，衡乃穿壁引其光，以书映光而读之。邑人大姓[3]文不识[4]，家富多书，衡乃与其佣作[5]，而不求偿。主人怪，问衡，衡曰："愿得主人书遍读之。"主人感叹，资给以书，遂成大学[6]。

——刘歆[7]

注释

❶ **匡衡**：汉朝人。❷ **不逮**：指烛光透不过来。❸ **大姓**：大户。❹ **文不识**：姓文，名不识。❺ **佣作**：受雇而为他人劳动。❻ **大学**：很有学问的人。❼ **刘歆**：西汉经学家，撰有《西京杂记》。

参考译文

匡衡字稚圭，勤奋好学，但家中没有蜡烛照明。邻居家有蜡烛，光线却无法透过来，匡衡就凿穿墙壁引来邻居家的烛光，把书映照着光来读。同乡有个大户叫文不识，家中富裕，有很多书。于是匡衡就到他家去做佣工，不要求报酬。文不识感到奇怪，就问他，他说："我希望能够读遍主人家的书。"文不识对此感慨惊叹，就把书借给他，最终匡衡成了大学问家。

拾趣

晋代将军祖逖年轻时，和好友刘琨一同担任司州主簿(官名)。他和刘琨有一个共同的理想：建功立业，报效国家。从此，他们每天半夜一听到鸡叫就起床，拔剑练武。经过长期的刻苦学习和训练，他们终于成为能文能武的全才。

虽有嘉肴①

suī yǒu jiā yáo fú shí bù zhī qí zhǐ yě suī
虽有嘉肴，弗食，不知其旨②也；虽

yǒu zhì dào fú xué bù zhī qí shàn yě shì gù xué
有至道③，弗学，不知其善④也。是故⑤学

rán hòu zhī bù zú jiāo rán hòu zhī kùn zhī bù zú rán
然后知不足，教然后知困⑥。知不足，然

hòu néng zì fǎn yě zhī kùn rán hòu néng zì qiǎng yě
后能自反⑦也；知困，然后能自强⑧也。

gù yuē jiāo xué xiāng zhǎng yě yuè mìng yuē xiào
故⑨曰：教学相长也。《兑命》⑩曰"学

xué bàn qí cǐ zhī wèi hū
学半⑪"，其此之谓乎！

——《礼记》

注释

❶**虽有嘉肴**：虽，连词，即使。嘉肴，美味的菜。嘉，美好。肴，用鱼、肉等做的菜。❷**旨**：甘美。❸**至道**：最好的道理。至，达到极点。❹**善**：良好。❺**是故**：连词，因此，所以。❻**困**：困惑。❼**自反**：自我反思。❽**自强**：自我勉励。强，勉励。❾**故**：连词，所以。❿**兑命**：指《说（yuè）命》，《尚书》中的一篇。⓫**学学半**：教别人，占自己学习的一半。第一个"学"同"敩（xiào）"，教导。

参考译文

　　即使有鲜美的菜肴摆在那里，如果不吃，就不能知道它的美味；虽然有至善的道理，如果不去学习，也不能知道它的美好可贵。所以深入学习之后才知道自己的知识贫乏，教别人之后才发现自己学识上的困惑。知道自己知识不够，然后才能自我反思；知道有困惑，然后才能自我勉励。所以说：教与学是互相促进的。《尚书·说命》中说："教别人，占自己学习的一半。"大概就是这个意思吧。

访古

老 师

在古代，老师最初指年老资深的学者或传授知识的人。后来，教学生的人也被人们称为"老师"。还出现了一些类似的称呼，如"师长"，含有视老师为尊长的意思；"夫子"原是孔子门徒对孔子的尊称，后来成为人们对老师的尊称；还有"师父"，古代有"一日为师终身为父"的说法。

古人的坐姿

在古代，人们的坐姿和现在是不一样的。古人有多种坐法，主要有跪坐、跌坐、箕踞等。

宋代以前，凳子还没有被广泛使用，人们基本上都是在地上铺一张席子，屈膝而坐，臀部放于脚跟上，上身挺直，双手放在膝上，目不斜视，这叫跪坐。这是社交时的标准坐姿。

在平时，老百姓一般是盘腿而坐，这叫跌坐，看上去就像和尚打坐时的坐姿。唐朝时，除了上朝、祭祀等重要场合需要跪坐，其他场合，人们一般都采用跌坐的方式。

箕踞是像簸箕一样坐着，臀部坐地，两腿岔开。这是一种不拘礼节的坐法，有轻慢、傲视对方的含义。

人们坐在地上，时间久了难免会不舒服。隋唐以后，凳子逐渐进入人们的日常生活，极大地改善了人们的坐姿。

文苑小憩

古文游戏

一、请观察下图，看看有哪些坐姿。

二、下面是《千字文》的一部分，你能认出右边圈中的汉字吗？请选
一选。

闰余成岁，律吕调阳。（　　　　　）

天地玄黄，宇宙洪荒。（　　　　　）

寒来暑往，秋收冬藏。（　　　　　）

日月盈昃，辰宿列张。（　　　　　）

成语收藏夹

专心致志：把心思全部放在上面。指一心一意，精神集中。

造句：他正专心致志地读着一本书。

坐井观天：坐在井里看天。比喻眼界狭窄，见识不广。

造句：我们要积极地汲取知识，开阔眼界，不能坐井观天。

徐孺子① 赏月

徐孺子年九岁，尝②月下戏③，人语之曰④："若令⑤月中无物⑥，当极明邪？"

徐曰："不然⑦。譬如⑧人眼中有瞳子⑨，无此，必不明。"

——《世说新语》

注释

❶ **徐孺子**：指徐稚，字孺子。东汉时期的名士，人称"南州高士"。❷ **尝**：曾经。❸ **戏**：玩耍，嬉戏。❹ **人语之曰**：有人对他说。语，动词，对……说，告诉，这里指问话。❺ **若令**：如果，假使。❻ **物**：指人和事物。古时传说月中有嫦娥、玉兔、桂树等。❼ **不然**：不是这样。然，这样。❽ **譬如**：比如。❾ **瞳子**：瞳孔。

参考译文

　　徐孺子九岁的时候，曾经在月光下玩耍，有人对他说："如果月亮里面什么也没有，会非常明亮吧？"徐孺子说："不是这样的。比如人眼中有瞳孔，没有它，眼睛就不明亮。"

拾趣

　　据说，徐孺子十一岁时，经常与太原人郭泰来往。有一次，徐孺子到郭泰家中做客，郭家的院子里有一棵大树，正准备让人砍掉。徐孺子问原因，郭泰说："看风水的人说我家这座四四方方的院子，正像一个'口'字。'口'中加一个'木'，就是'困'字，很不吉利，所以他要我把树砍掉。"徐孺子想了想，说："这个院子确实像一个'口'字，可如果砍掉这棵树，'口'中就只有'人'，不就变成'囚'字了吗？那岂不是更不吉利？"郭泰听了徐孺子的话，认为很有道理，就把树留下了。

月赋

若夫①气霁②地表，云敛天末③，洞庭始波，木叶微脱④。菊散芳于山椒⑤，雁流哀于江濑⑥。升清质⑦之悠悠，降澄辉之蔼蔼。列宿掩缛⑧，长河韬映⑨；柔祇⑩雪凝，圆灵⑪水镜。连观⑫霜缟⑬，周除⑭冰净。

——《昭明文选》⑮

注释

❶ 若夫：句首的发语词。❷ 霁：雨止。❸ 云敛天末：云收拢在天边。敛，收。❹ 木叶微脱：树叶刚开始凋落。木叶，树叶。脱，凋落。❺ 山椒：山顶。❻ 江濑：江中从沙石上流过的急水。❼ 清质：指月亮。❽ 列宿掩缛：众星的光芒被掩盖。列宿，众星。掩，掩盖。缛，繁，指灿烂星光。❾ 长河韬映：长长的银河也隐藏了光亮。长河，指天河。韬，隐藏。映，照耀。❿ 柔祇：指地。⓫ 圆灵：指天。⓬ 连观：连接宫观。观，供帝王游憩的离宫别馆。⓭ 霜缟：像霜一样洁白。⓮ 周除：周围的台阶。⓯《昭明文选》：又称《文选》，是中国现存最早的一部诗文总集，由南朝梁武帝之子萧统（谥号"昭明"）组织文人共同编选。

参考译文

　　雾散雨停，大地一片澄净，云都收拢到了天边，洞庭湖开始兴起波浪，湖边的树木开始落叶。菊花的芳香弥漫于山巅，寒雁的哀鸣也流到江中的急流上。那清朗的明月冉冉升起，向大地洒下柔和的光辉。群星的光华被清朗的月光所掩盖，那长长的银河也因明月而失去了清辉。皎洁的月光照耀着大地，如同蒙上了一层白雪；天空在月光下如澄明的镜子。一座连一座的高楼，被月光照得同霜一样洁白；周围的台阶，也被照得似冰一样明净。

记承天寺① 夜游
jì chéng tiān sì　yè yóu

元丰②六年十月十二日夜，解衣欲③
yuán fēng　liù nián shí yuè shí èr rì yè　jiě yī yù

睡，月色入户④，欣然⑤起行⑥。念⑦无
shuì　yuè sè rù hù　xīn rán　qǐ xíng　niàn　wú

与为乐者，遂⑧至⑨承天寺寻⑩张怀民⑪。
yǔ wéi lè zhě　suì　zhì　chéng tiān sì xún　zhāng huái mín

怀民亦未寝⑫，相与⑬步于中庭。庭下如
huái mín yì wèi qǐn　xiāng yǔ　bù yú zhōng tíng　tíng xià rú

积水空明⑭，水中藻、荇⑮交横，盖⑯竹
jī shuǐ kōng míng　shuǐ zhōng zǎo　xìng　jiāo héng　gài　zhú

柏影也。何夜无月？何处无竹柏？但⑰
bǎi yǐng yě　hé yè wú yuè　hé chù wú zhú bǎi　dàn

少闲人⑱如吾两人者耳⑲。
shǎo xián rén　rú wú liǎng rén zhě ěr

——苏 轼

注释

❶ **承天寺**：故址在今湖北黄冈城南。❷ **元丰**：宋神宗赵顼（xū）的
年号。❸ **欲**：想要。❹ **户**：一说指堂屋的门，又一说指窗户，这里指
门。❺ **欣然**：高兴、愉快的样子。❻ **行**：散步。❼ **念**：考虑，想到。
❽ **遂**：于是，就。❾ **至**：到。❿ **寻**：寻找。⓫ **张怀民**：作者的朋友，
当时也贬官到黄州。⓬ **寝**：睡，卧。⓭ **相与**：共同，一同。⓮ **空明**：
形容水的澄澈。⓯ **藻、荇**：均为水生植物。⓰ **盖**：句首语气词，大概

是。⓱**但**：只是。⓲**闲人**：指不汲汲于名利而能从容流连于光景的人。⓳**耳**：语气词，相当于"罢了"。

参考译文

元丰六年（1083）十月十二日夜晚，我脱下衣服准备睡觉时，恰好看见月光透过窗户洒入屋内，我便高兴地起床出门散步。想到没有可以与我共同游乐的人，于是我前往承天寺找张怀民。张怀民也没有睡，我们便一同在庭院中散步。庭院中洒满月光，像积水溢满院落，清澈透明，"水"中还有各种水草交错纵横，大概是竹子和柏树的影子。哪个夜晚没有月光？哪个地方没有柏树？只是缺少像我们两个这样的清闲人罢了。

链接

苏轼和张怀民是同时期的官员，他们都曾被贬谪到黄州。初到黄州时，张怀民暂居在承天寺。苏轼和他本来就是至交好友，由此感情更加深厚。《记承天寺夜游》记录的就是他到承天寺找张怀民一起散步赏月的事。两个人一边散步一边观赏着周边的景色，从诗词歌赋谈到人生理想。这篇游记体现了作者与张怀民的深厚友谊，同时表达了他壮志难酬的苦闷和旷达的人生态度。

金沙堆[1] 观月

　　盖[2]余以八月之望[3]过洞庭，天无纤云，月白如昼。沙当洞庭青草之中，其高十仞[4]，四环之水[5]，近者犹数百里。余系舠[6]其下，尽却童隶[7]而登焉。沙之色正黄[8]，与月相夺[9]，水如玉盘，沙如金积，光采激射，体寒目眩，阆风、瑶台、广寒[10]之宫，虽未尝[11]身至其地，当亦如是[12]而止耳。

——张孝祥[13]

注释

❶ **金沙堆**：洞庭湖内一个由湖沙堆积而成的小岛。❷ **盖**：发语词。
❸ **望**：农历的每月十五日为望日。❹ **仞**：古代长度单位，七尺或八尺为一仞。❺ **四环之水**：四面环绕的水。❻ **舠**：船。❼ **童隶**：书童仆役。❽ **正黄**：纯黄。❾ **相夺**：相互竞争。❿ **阆风、瑶台、广寒**：都是古代传说中神仙住的地方。⓫ **未尝**：不曾。⓬ **如是**：像这样。
⓭ **张孝祥**：字安国，别号于湖居士，南宋著名词人、书法家。

参考译文

　　我于农历八月十五日去过洞庭湖，天空没有一片云，月光明亮，就像白天一样。金沙堆正好位于洞庭湖内，沙洲长满青草，足有十仞高，四面绿水环绕，最近的陆地离这里也有几百里。我把船停靠在岸边，让书童仆役全部退去，然后一个人向上攀登。只见沙洲上的沙子一片金黄，与月光争辉；湖面犹如一个巨大的玉盘，沙洲的沙子好像堆积起来的黄金，光芒四射。微风吹过，使人顿感一阵凉意，眼也花了，仿佛到了仙境。阆风、瑶台、广寒那样的地方，虽然我没有亲身去过，应该也不过如此而已吧。

晚游六桥① 待月记

西湖最盛②，为春为月③。一日之盛，为朝烟，为夕岚④。

今岁春雪甚盛，梅花为寒所勒⑤，与杏桃相次开发，尤为奇观。由断桥⑥至苏堤一带，绿烟红雾⑦，弥漫二十余里。歌吹⑧为风，粉汗为雨，罗纨⑨之盛，多于堤畔之草，艳冶⑩极矣。

然杭人游湖，止午、未、申三时。其实湖光染翠之工⑪，山岚设色之妙，皆在朝日始出，夕舂⑫未下，始极其浓媚；月景尤不可言，花态柳情，山容水意，别是一种趣味。此乐留与山僧游客受用，安可为俗士道哉？

——袁宏道⑬

注释

❶ 六桥：西湖苏堤上的六座小桥。**❷ 盛**：美。**❸ 为月**：是在有月之时。**❹ 夕岚**：太阳落山时山中的雾气。**❺ 勒**：限制。**❻ 断桥**：桥名，位于白堤东头。**❼ 绿烟红雾**：杨柳泛绿，桃花吐红，一眼望去，如绿烟红雾。**❽ 歌吹**：泛指音乐。**❾ 罗纨**：丝绸，这里指穿着绫罗的游人。**❿ 艳冶**：艳丽。**⓫ 工**：做工精细，精巧。**⓬ 夕春**：指落日。**⓭ 袁宏道**：明代文学家。

参考译文

西湖景色最美的时候是在春天，在月夜。一天中最美的是早晨的烟雾，是傍晚山间的风光。

今年春雪很多，梅树被寒气所抑制，开花较晚，和杏花、桃花依次开放，景观更是奇特。从断桥到苏堤一带，绿柳迎风飘拂如绿烟，桃花盛开如红雾，弥漫二十多里。美妙的音乐随风飘扬，带粉香的汗水如雨流淌；穿着各色丝织品的游客很多，超过了堤畔的草，真是艳丽极了。

然而杭州人游览西湖，却仅在午、未、申三个时辰。其实湖光染翠之工巧，山岚设色之美妙，都在朝日初升、夕阳未下的时候，那时西湖才尽显浓艳和娇媚。月景之美，更是难以形容。那花的姿态，柳的柔情，山的颜色，水的意味，更是别有情趣韵味。这种乐趣只留给山僧、游客享受，怎么能够对那些凡夫俗子诉说呢？

链接

苏堤，旧时称苏公堤，是一条贯穿西湖南北的林荫大堤。北宋元祐年间，苏轼任杭州刺史。在任期间，他主持疏浚西湖，用挖出来的泥土，在湖中筑成了一道数里长的堤坝，又在堤旁种满了花木。杭州人为了纪念苏东坡治理西湖的功绩，把这条长堤命名为"苏公堤"。

中秋节的历史

中秋节是我国的传统节日，在每年农历的八月十五日。中秋节的主要习俗都是围绕"月"来进行的，所以又俗称"月节"。

中秋节源自天象崇拜，由上古时期先民在秋夕祭月演变而来。在传统文化中，月亮和太阳这两个天体是先民崇拜的对象。祭月，是一种非常古老的习俗。

大约在唐代，中秋节成为全国性的节日。唐代许多著名诗人都有咏月的诗句，如李白的"床前明月光，疑是地上霜"，杜甫的"万里瞿塘月，春来六上弦"等。唐人还将中秋节与嫦娥奔月、吴刚伐桂、玉兔捣药等神话故事相结合，使中秋节具有了浪漫色彩。中秋节吃月饼的习俗也在唐代出现。

北宋时，月饼被称为"宫饼"，在宫内很流行。苏轼的诗中有"小饼如嚼月，中有酥与饴"的描述。

明清时期，中秋节已成为我国民间的主要节日之一。明清两朝的赏月活动，"其祭果饼必圆"，家家都要设"月光位"，在月出方向"向月供而拜"。

文苑小憩

古文游戏

一、苏轼有词云："但愿人长久，千里共婵娟。"其中"婵娟"指的
是（　　　）。

   A. 月亮　　　　　B. 姻缘　　　　　C. 美景　　　　　D. 貂蝉

二、下面这首诗描述了我国民间一个传统节日的景象，这个传统节日
是（　　　）。

> 暮云收尽溢清寒，银汉无声转玉盘。
> 此生此夜不长好，明月明年何处看？

   A. 重阳节　　　　B. 七夕节　　　　　C. 中秋节　　　　　D. 元宵节

三、猜谜语。

   1. 有时落在山腰，有时挂在树梢，有时像只圆盘，有时像把镰刀。
（猜一物）

   谜底：＿＿＿＿＿＿＿＿＿＿

   2. 平日不思，中秋想你。有方有圆，又甜又蜜。（猜一食品）

   谜底：＿＿＿＿＿＿＿＿＿＿

   3. 十五的月亮。（猜一成语）

   谜底：＿＿＿＿＿＿＿＿＿＿

   4. 中秋菊开。（猜一成语）

   谜底：＿＿＿＿＿＿＿＿＿＿

   5. 云盖中秋月，雨淋元宵灯。（猜一成语）

   谜底：＿＿＿＿＿＿＿＿＿＿

观潮

浙江①之潮，天下之伟观也。自既望②以至十八日为最盛。方③其远出④海门⑤，仅如银线；既而渐近，则玉城雪岭际天⑥而来，大声如雷霆，震撼激射，吞天沃日⑦，势极雄豪。杨诚斋⑧诗云"海涌银为郭，江横玉系腰"者是也。

——周密⑨

注释

❶浙江： 指钱塘江。**❷既望：** 古代称农历的每月十五日为"望日"，"既望"指望日的次日，即农历的每月十六日。这里指八月十六日。**❸方：** 当……的时候。**❹出：** 发，起。**❺海门：** 入海口。**❻际天：** 连接着天。**❼沃日：** 冲荡太阳，形容波浪大。沃，用水淋洗。**❽杨诚斋：** 指杨万里，字廷秀，号诚斋，南宋著名诗人。**❾周密：** 字公谨，号草窗，南宋文学家，著有笔记体史学著作《武林旧事》《齐东野语》等。

参考译文

　　钱塘江之潮是天下壮观的景象。农历每月十六日至十八日期间，潮最为盛大。当潮从远方入海口出现的时候，仅仅像一条银线；过了一会儿慢慢逼近，白浪高耸就像白玉砌成的城堡、白雪堆成的山岭，波涛好像从天上堆压下来，发出很大的声音，就像震耳的雷声。波涛汹涌澎湃，好像吞没了蓝天、涤荡了太阳，来势极其雄壮豪迈。这就是杨万里诗中"海涌银为郭，江横玉系腰"描绘的景象了。

登泰山记

道中迷雾冰滑，磴①几不可登。及既上②，苍山负③雪，明烛天南；望晚日照城郭，汶水④、徂徕⑤如画，而半山居雾若带然。

戊申晦⑥，五鼓⑦，与子颖⑧坐日观亭待日出。大风扬积雪击面。亭东自足下皆云漫⑨。稍见云中白若樗蒱⑩数十立者，山也。极天⑪云一线异色，须臾成五采。日上，正赤如丹，下有红光动摇承之。或曰："此东海⑫也。"回视日观以西峰，或⑬得日，或否，绛皓驳色⑭，而皆若偻⑮。

——姚 鼐⑯

注释

❶ **磴**：山路上的石台阶。❷ **及既上**：等到已经登上山顶。及，等到。既，已经。上，登上。❸ **负**：背负，这里指"覆盖"。❹ **汶水**：河名，今大汶河。❺ **徂徕**：山名，在今山东泰安市东南。❻ **戊申晦**：戊申这一天是月底。晦，农历每月最后一天。❼ **五鼓**：五更。❽ **子颖**：人名，与作者一起登山的朋友。❾ **漫**：迷漫。❿ **樗蒲**：古代的一种赌博游戏，这里指赌博时用的"五木"。五木两头尖，中间平，立起来很像山峰。⓫ **极天**：天边。⓬ **东海**：泛指东面的海。⓭ **或**：有的。⓮ **绛皓驳色**：或红或白，颜色错杂。绛，大红。皓，白色。驳，杂。⓯ **若偻**：像脊背弯曲的样子。引申为鞠躬、致敬的样子。偻，驼背。⓰ **姚鼐**：清代文学家。他的散文富有情韵，行文畅达。著作有《惜抱轩全集》。

参考译文

　　一路上大雾弥漫、冰冻溜滑，石阶几乎无法攀登。等到已经登上山顶，只见青山上覆盖着白雪，雪光照亮了南面的天空。远望夕阳映照着泰安城，汶水、徂徕山就像一幅山水画，停留在半山腰处的云雾，又像是一条舞动的飘带。戊申这天是月底，五更的时候，我和子颖一起坐在日观亭上，等待着日出。大风卷起积雪扑打在脸上。日观亭东面从脚下起全是迷漫的云雾。隐隐约约地看到，在云雾中有几十个像白色的"五木"一样的东西站立着，那是一些山峰。在天的尽头，云层中有一线奇特的色彩，片刻之间，变成了五光十色的彩霞。太阳升起，颜色纯红像朱砂，底下有一片晃动的红光托着它。有人说："这就是东海。"回头看日观峰以西的山峰，有的被日光照着，有的没有，有的红，有的白，颜色错杂，都像弯腰曲背的样子。

链接

　　泰山，又名岱山、东岳等，为中国著名的五岳（五岳为中岳嵩山、东岳泰山、西岳华山、南岳衡山、北岳恒山）之一，位于山东省中部，有"天下第一山"之称。在古代，泰山是百姓崇拜、帝王告祭的"神山"。

游褒禅山①记

其下平旷②，有泉侧出，而记游③者甚众，所谓"前洞"也。由山以上④五六里，有穴窈然⑤，入之甚寒，问其深，则其好游者不能穷⑥也，谓之"后洞"。予⑦与四人拥火以入，入之愈深，其进愈难，而其见愈奇。有怠⑧而欲出者，曰："不出，火且⑨尽。"遂与之俱出。盖予所至，比好游者尚不能十一⑩，然视其左右，来而记之者已少。盖其又深，则其至又加⑪少矣。方是时，予之力尚足以入，火尚足以明⑫也。既⑬其出，则或咎⑭其欲出者，而予亦悔其随之，而不得极⑮乎游之乐也。

——王安石⑯

102

注释

❶ **褒禅山**：山名，在今安徽省。❷ **平旷**：平坦空旷。❸ **记游**：指在洞壁上题诗文留念。❹ **上**：名词用作动词，向上走。❺ **窈然**：幽深的样子。❻ **穷**：穷尽，找到尽头。❼ **予**：我。❽ **怠**：懈怠。❾ **且**：副词，将，将要。❿ **尚不能十一**：还不到十分之一。尚，还。不能，不及，不到。十一，十分之一。⓫ **加**：更，更加。⓬ **明**：形容词用作动词，照明。⓭ **既**：已经，⋯⋯以后。⓮ **咎**：责怪。⓯ **极**：尽。这里指尽情。⓰ **王安石**：字介甫，号半山。北宋政治家、文学家。

参考译文

山洞下平坦而空旷，有一股山泉从旁边涌出，在这里游览并题记的人很多，这里就叫作"前洞"。由山路向上走五六里，有个幽深的洞穴，进去便感到寒气逼人。要问它有多深，就是那些喜欢游山玩水的人也未能走到尽头，这个洞叫"后洞"。我与四个人拿着火把走进去，进去越深，前进越困难，而所见到的景象就越奇妙。有个退缩而想回去的同伴说："再不出去，火把就要熄灭了。"于是大家都跟他退出来。估计我们到达的深度，比起那些喜欢游览的人，还不到十分之一，然而看看左右的石壁，来到此地且题记的人已经很少了。洞内越深，大概到的人就越少吧。当决定从洞内退出时，我的体力还足够继续前进，火把还足够继续照明。我们出洞以后，就有人埋怨那个吵着要退出的人，我也后悔跟他出来，而没能尽情享受游览的乐趣。

链接

褒禅山，古称华山。它历史悠久，景色宜人。它的东面有灵芝山，古以盛产灵芝得名，山上树木林立；它的中间有起云峰，高耸入云；它的西面有碗儿岭，相传有个罗汉吃完饭后，把饭碗放在了岭上，由此得名。

游黄山后记

十五里，至汤口①。五里，至汤寺②，浴于汤池③。扶杖望朱砂庵④而登。十里，上黄泥冈，向时云里诸峰，渐渐透出，亦渐渐落吾杖底。转入石门，越天都之胁⑤而下，则天都、莲花二顶，俱秀出天半。路旁一岐⑥东上，乃昔所未至者，遂前趋直上，几达天都侧。复北上，行石罅⑦中。石峰片片夹起，路宛转石间，塞者凿之，陡者级⑧之，断者架木通之，悬者植梯接之。下瞰峭壑阴森，枫松相间，五色纷披，灿若图绣。因念黄山当生平奇览，而有奇若此，前未一探，兹⑨游快且愧矣。

——徐霞客⑩

104

注释

❶ 汤口：镇名，在黄山东北。❷ 汤寺：寺名，指祥符寺。❸ 汤池：汤泉。❹ 朱砂庵：在朱砂峰下。❺ 胁：从腋下至肋骨尽处。此处指半山腰。❻ 岐：分支，分岔。❼ 罅：缝隙。❽ 级：砌石级。❾ 兹：这。❿ 徐霞客：明代地理学家、旅行家和文学家，著作《徐霞客游记》在地理学和文学上都有重要价值。

参考译文

步行十五里路到达汤口。再走五里，来到汤寺，在汤池洗了澡，便拄着手杖朝朱砂庵方向攀登。走了十里路，登上黄泥冈，原先被云雾遮住的山峰，渐渐显露出来，又渐渐落到了我的手杖底下。转入石门，经天都峰半山腰而下，天都、莲花两座峰顶，都以秀美的英姿兀立在半空中。路旁有一岔道朝东而上，是以前没有到过的地方，于是往前直上，差不多到达天都峰旁。再往北而上，攀行在石隙之中。只见两侧峰石一片片夹峙而起，山道在岩石间迂回曲折，遇到山石阻塞就凿通它，遇到山崖陡峭就砌起石阶，遇上断壁则架木搭桥修通它，遇到悬崖就架上梯子接起来。俯视陡峭的山谷，一片阴森，枫树和松树交错相杂，五彩缤纷，像图画与锦绣般灿烂。因想到黄山应当是一生中所见到的奇观，像这样的奇观，之前没有探访一下，这次游览觉得畅快，又有些惭愧。

拾趣

"梦笔生花"是黄山一处著名景点，这处景点有一个有趣的传说。

相传，唐代著名诗人李白来到黄山，看见美景，不禁诗兴大发，出口成章。禅院长老得知吟诗者是大名鼎鼎的李白，对他礼遇有加。李白为了表达谢意，现场作诗一首。之后他将毛笔顺手一掷，那毛笔翻了一个筋斗，从空中落下，插入了土中。不一会儿，这支毛笔化成了一座山峰，笔尖化为一棵松树，矗立其上。这就是如今所见到的"梦笔生花"。

石钟山①记

元丰七年六月丁丑②，余③自齐安④舟行适临汝⑤，而长子迈将赴⑥饶之德兴尉，送之至湖口⑦，因得观所谓石钟者。寺僧使小童持斧，于乱石间择其一二扣之，硿硿然⑧，余固笑而不信也。至其夜月明，独与迈乘小舟至绝壁下。大石侧立千尺，如猛兽奇鬼，森然⑨欲搏人⑩；而山上栖鹘⑪，闻人声亦惊起，磔磔⑫云霄间。又有若老人咳且笑于山谷中者，或曰："此鹳鹤⑬也。"余方心动⑭欲还，而大声发于水上，噌吰⑮如钟鼓不绝。舟人大恐。徐而察之，则山下皆石穴罅，不知其浅深，微波入焉，涵澹澎湃⑯而为此也。

——苏 轼

注释

❶ **石钟山**：位于今江西湖口鄱阳湖东岸。❷ **六月丁丑**：农历六月初九。
❸ **余**：我。❹ **齐安**：在今湖北黄冈西北。❺ **临汝**：即汝州（今河南临
汝）。❻ **赴**：赴任，就职。❼ **湖口**：今江西湖口。❽ **硿硿然**：象声词。
❾ **森然**：形容繁密直立。❿ **搏人**：捉人，打人。⓫ **栖鹘**：宿巢的老鹰。
鹘，鹰的一种。⓬ **磔磔**：鸟鸣声。⓭ **鹳鹤**：水鸟名。⓮ **心动**：心惊。
⓯ **噌吰**：钟声洪亮。⓰ **涵澹澎湃**：波浪激荡。涵澹，水波动荡。澎湃，
波浪相激。

参考译文

　　元丰七年（1084）六月初九，我从齐安坐船到临汝去，大儿子苏
迈要去饶州德兴县就任县尉，我送他到湖口，因此得以看到传说中的
石钟山。庙里的和尚让小童拿着斧头，在乱石中间选一两处敲打，发
出"硿硿"的声响，我只是笑笑，并不相信是这么回事。到了晚上，
月光明亮，我单独和苏迈坐着小船来到断壁下面。巨大的山石倾斜地
立着，有千尺之高，好像凶猛的野兽和奇异的鬼怪，阴森森地想要攻
击人；山上宿巢的老鹰，听到人声也受惊飞了起来，在云霄间发出"磔磔"
的叫声。还有像老人在山谷中咳嗽并且大笑的声音，有人说这是鹳鹤
的叫声。我心惊正想要回去，忽然巨大的声音从水上发出，声音洪亮，
像不断地在敲钟击鼓。船夫很惊恐。我慢慢地观察，原来山下都是石
穴和缝隙，不知它们有多深，细微的水波涌进那里面，水波激荡就发
出这种声音来。

链接

　　从现代科学角度分析，石钟山是由石灰岩构成的，化学成分主要
是碳酸钙，因长期受到含有二氧化碳的地表水和地下水的溶蚀，而形
成了奇特的岩溶地貌（喀斯特地貌）。特别是山的下部受到江、湖水
及地下水的冲刷，几乎被掏空，呈现出中空状态。山下的石钟洞是穹
形溶洞，当长江与鄱阳湖的水灌注到溶洞里，水波会连续猛烈地冲击
洞顶与四壁，发出很大的声音。

什么是"十三经"

在我国古代，可以作为典范的书籍被称为"经"。经典的儒家著作有"十三经"，即《易经》《尚书》《周礼》《礼记》《仪礼》《诗经》《春秋左传》《春秋公羊传》《春秋谷梁传》《论语》《孝经》《尔雅》《孟子》。"十三经"是由汉朝的"五经"逐渐发展而来的，最终形成于南宋。

在封建时期，儒家文化长期居于主导地位，"十三经"对当时人们的影响，是其他任何典籍都无法相比的。统治者依靠这些经书，寻找治国平天下的方针大计，包括规范臣民思想，倡导民风民俗，确立伦理道德等。这些著作代表了统治阶级的观念形态，构成了传统文化的重要组成部分。

"十三经"作为儒家文化的经典，囊括了各种思想、精神中的精华，如天下为公的大同理想、天人合一的思维模式、以民为本的治国原则、和谐人际的伦理主张、自强不息的奋斗精神等。它们渗透在民族性格之中，具有强大的凝聚力，至今仍有积极的影响。

文苑小憩

古文游戏

一、在古代，一部关于《孟子》注释的著作，应该归入（　　　）部。

    A. 集　　　　　　B. 子　　　　　　C. 史　　　　　　D. 经

二、观察图片中的文字，猜猜它最有可能出自（　　　）。

    A. 《道德经》

    B. 《诗经》

    C. 《茶经》

    D. 《山海经》

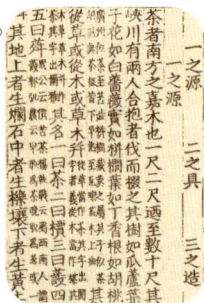

三、请根据古文内容写对子，看谁写得多。

      耸出云天之外，高参星斗之傍。怪石参差，卓尔丹青之绘；奇峰磊落，分明碧玉之妆。地产如金之药，池燃无火之汤。原夫秀压群山，名侪五岳；乾坤为匠，安排八面屏风；造化施工，幻出千层楼阁。碧莲芳夏，素橘生秋。幽洞寥寥而闲眠白鹿，高山寂寂而稳卧青牛。

示例：| 怪石 | —— | 奇峰 |

	——				——	
	——				——	

成语收藏夹

雷霆万钧：雷霆，雷暴。钧，古代三十斤为一钧。指威力极大，势不可挡。

    造句：敌人抵挡不住我们雷霆万钧般的进攻。

汹涌澎湃：汹涌，波涛向上涌。澎湃，大浪碰撞。形容水势浩大。

    造句：浩瀚的大海汹涌澎湃。

谅辅[1] 祈雨

范晔[2]《后汉书》[3]曰：谅辅仕郡，为五官掾[4]。时夏大旱，太守自出祷山川，连日而无所降。辅乃自暴庭中，慷慨咒[5]曰："辅为股肱[6]，不能进谏纳忠，和调阴阳，至令天地否隔[7]，万物焦枯，咎[8]尽在辅。今敢有所请，若至日中不雨[9]，乞以身塞无状。"于是积薪聚艾茅以自环，构[10]火将自焚。未及中时，天云晦[11]合，须臾[12]澍雨[13]。

——《太平御览》[14]

注释

❶谅辅：东汉人，因至诚求雨而闻名。❷范晔：南朝史学家。❸《后汉书》："二十四史"之一，是一部记载东汉历史的纪传体史书。为范晔所编撰。❹五官掾：官名，掌春秋祭祀。❺咒：发誓。❻股肱：

得力助手。**❼ 否隔：**隔绝不通。**❽ 咎：**过失。**❾ 雨：**下雨。**❿ 构：**搭架，构筑。**⓫ 晦：**昏暗，不明。**⓬ 须臾：**不一会儿。**⓭ 澍雨：**时雨，意为按时下雨。**⓮《太平御览》：**是宋代一部著名的资料型书籍，由李昉、徐铉等学者编纂，书中保存了大量宋代以前的文献资料。

参考译文

范晔《后汉书》中说：谅辅供职于郡中，担任郡的五官掾。当时夏天干旱，太守亲自出去祈祷山川下雨，一连几天都没有作用。于是，谅辅在庭院中让太阳暴晒自己来求雨，他慷慨激昂地发誓说："我谅辅身为郡守的得力助手，不能劝谏上司接纳忠言，调和阴阳，致使天地隔绝不通，万物干枯，罪过全在我谅辅。如今胆敢有所请求，如果到了中午还不下雨，请让我用自己的身体来抵罪。"于是他堆积木柴，准备自焚。还不到中午，天上的云变得昏暗，聚拢起来，不一会儿就下起雨来。

塞翁失马
（sài wēng shī mǎ）

近塞上①之人，有善术者②，马无故③亡④而入胡⑤，人皆吊⑥之。其父曰："此何遽⑦不为福乎？"居⑧数月，其马将⑨胡骏马而归，人皆贺⑩之。其父曰："此何遽不能为祸乎？"家富⑪良马，其子好⑫骑，堕⑬而折其髀⑭，人皆吊之。其父曰："此何遽不为福乎？"居一年，胡人大⑮入塞，丁壮者引弦⑯而战。近塞⑰之人，死者十九⑱，此独以跛⑲之故，父子相保⑳。

——《淮南子》㉑

注释

❶塞上：长城一带。塞，边塞。❷术：术数。古代指星象、占卜等技艺。❸故：缘故。❹亡：逃跑。❺胡：指当时胡人居住的地方。❻吊：对其不幸表示安慰。❼何遽：怎么就，表示反问。❽居：过了。❾将：

带领。❿ **贺**：祝贺。⓫ **富**：富有。⓬ **好**：喜欢。⓭ **堕**：掉下来。⓮ **髀**：大腿骨。⓯ **大**：大举。⓰ **引弦**：拿起武器。⓱ **近塞**：靠近长城边境。⓲ **十九**：十分之九，指绝大部分。⓳ **跛**：瘸腿。⓴ **保**：保全。㉑《**淮南子**》：西汉时期由淮南王刘安主持编写创作的一部著作，对后世研究秦汉时期文化有重要作用。

参考译文

　　靠近长城一带的居民中，有一个擅长术数的人，他的马无缘无故跑到胡人住的地方去了，人们都为此慰问他。这位长者却说："这怎么就不是一件好事呢？"过了几个月，他的马带了胡地的骏马回来，人们都前来祝贺他。这位长者又说："这怎么就不是一件祸事呢？"他家富有，又得好马，他的儿子爱好骑马，结果从马上掉下来摔断了腿，人们都前来安慰他。这位长者说："这怎么就不是一件好事呢？"过了一年，胡人大举侵入边塞地区，当地壮年男子都被征去当兵作战了。边塞上的人十之八九都战死了，唯独他的儿子因为腿瘸没有参战，父子俩保全了性命。

天河通海

《博物志》①曰：旧说天河与海通。近世有居海者，年年八月有人浮查②来，甚大，往反不失期③。此人乃多赍④粮，乘查去，忽忽不觉昼夜，奄⑤至一处，有城郭居舍。望室中多见织妇。见一丈夫牵牛渚次饮之。牵牛人惊问此人何由至此，此人即问为何处，答曰："君可诣⑥蜀访严君平⑦，则知之。"此人还问严君平，君平曰："某年某日有客星犯斗牛⑧。"即此人到天河也。

——《太平御览》

注释

❶《博物志》：我国古代一部神话志怪小说集。由西晋张华编撰，分类记载异境奇物、琐闻杂事及神仙方术等。❷浮查：漂浮的木筏。查，同"槎"，即木筏。❸不失期：准时，不错过日期。❹赍：携带。❺奄：忽然。❻诣：到某人所在的地方去看望、拜访。❼严君平：指严遵，西汉时期蜀郡著名学者、历史学家，据说他擅长星相占卜。❽客星犯斗牛：新的星星在牵牛星前经过。

参考译文

《博物志》记载：传说天河与海相通。近代有一个住在海边的人，见海上年年八月有人乘大木筏漂来，来去都非常准时。这人就带足了粮食，乘木筏而去，恍惚间分不清昼夜。他忽然来到一个地方，这地方有城墙、房屋。朝屋子里望去，有很多正在织布的妇女。他还见到一个男子牵着牛在河边饮水。牵牛的人惊奇地问他是怎么来到此地的，他也问牵牛的人这里是什么地方。牵牛的人说："你回去后到蜀郡问严君平，就知道了。"这人回去后问严君平，严君平说："某年某月某日，有一客星经过牵牛星座。"计算时间，正是此人到天河的日子。

诗词

句（节选）

[南唐] 李 煜

迢迢牵牛星，杳在河之阳。

粲粲黄姑女，耿耿遥相望。

莺狂应有恨，蝶舞已无多。

揖让月在手，动摇风满怀。

北冥①有鱼

北冥有鱼，其名为鲲②。鲲之大，不知其几千里也；化而为鸟，其名为鹏③。鹏之背，不知其几千里也；怒④而飞，其翼若垂⑤天之云。是鸟也，海运⑥则将徙于南冥⑦。南冥者，天池也。《齐谐》者，志怪⑧者也。《谐》之言曰："鹏之徙于南冥也，水击⑨三千里，抟⑩扶摇⑪而上者九⑫万里，去以六月息⑬者也。"野马⑭也，尘埃也，生物⑮之以息⑯相吹也。天之苍苍⑰，其正色邪⑱？其远而无所至极邪？其视下也，亦若是⑲则已矣。

——《庄子》

注释

❶ **北冥**：北海。冥，同"溟"，海。❷ **鲲**：传说中的大鱼。❸ **鹏**：传说中的大鸟。❹ **怒**：振奋，这里指鼓动翅膀。❺ **垂**：同"陲"，边际。❻ **海运**：海水运动。古有"六月海动"之说，海运之时必有大风，因此大鹏可以乘风南行。❼ **南冥**：南海。❽ **志怪**：记载怪异的事物。志，记载。❾ **水击**：击水，拍打水面。❿ **抟**：回旋而上。⓫ **扶摇**：旋风。⓬ **九**：表多数，不是实指。⓭ **息**：风。⓮ **野马**：指游动的雾气，奔腾如野马。⓯ **生物**：概指各种有生命的东西。⓰ **息**：气息。⓱ **苍苍**：深蓝。⓲ **其正色邪**：或许是上天真正的颜色？其，或许。正色，真正的颜色。邪，同"耶"，疑问语气词。⓳ **是**：这样。

参考译文

　　北海里有一条鱼，名字叫鲲。鲲十分巨大，大概有几千里。鲲变化成为鸟，名字就叫鹏。鹏的脊背，也不知道有几千里长；当它展开翅膀奋起直飞时，翅膀就像挂在天边的云彩。这只鸟，大风吹动海水的时候就要迁徙到南方的大海去了。南方的大海，就是天池。《齐谐》这本书，是记载一些怪异事物的书。书上记载："鹏往南方的大海迁徙时，翅膀拍打水面，能激起三千里的浪涛，它绕着旋风飞上九万里的高空，乘着六月的风离开北海。"山野中的雾气，空气中的尘埃，都是生物用气息吹拂的结果。天色湛蓝，是它真正的颜色吗，还是因为天空高远而看不到尽头呢？大鹏从天空向下看，也就像人在地面上看天一样罢了。

诗词

鲲化为鹏诗

〔宋〕楼　钥

鲲大几千里，扬鬐气日增。

一时俄化羽，万古记为鹏。

鳞族畴能比，龙门不足登。

天池将转徙，云翼快飞腾。

怪矣齐谐志，壮哉庄叟称。

鸢飞与鱼跃，曾不事夸矜。

东坡[1] 还宅

邵[2]为坡买一宅，为钱五百缗[3]，坡倾囊仅能偿之。卜吉[4]入新第[5]既得日矣，夜与邵步月[6]，偶至一村落，闻妇人哭声极哀。坡徙倚听之，曰："异哉，何其悲也！岂有大难割之爱，触于其心欤？吾将问之。"遂与邵推扉[7]而入，则一老妪，见坡泣自若。坡问妪何为哀伤至是，妪曰："吾家有一居，相传百年，保守[8]不敢动，以至于我。而吾子不肖，遂举以售诸人。吾今日迁徙来此，百年旧居，一旦诀别，宁不痛心！此吾之所以泣也。"坡亦为之怆然[9]，问其故居所在，则坡以五百缗所得者也。坡因[10]再三慰抚，徐[11]谓之曰："妪之旧居，乃吾所售也。不必深悲，今当以是屋还妪。"即命取屋券，对妪焚之。呼其子，命翌日迎母还旧居，竟不索其直[12]。

——费衮[13]

118

注释

❶ **东坡**：指苏轼。❷ **邵**：指邵民瞻，苏轼的朋友。❸ **缗**：穿铜钱的绳子，此处指成串的铜钱。❹ **卜吉**：占卜，挑选吉日。❺ **第**：房子。❻ **步月**：在月下散步。❼ **扉**：门。❽ **保守**：保持守住。❾ **怆然**：悲伤难过的样子。❿ **因**：于是。⓫ **徐**：慢慢地。⓬ **直**：同"值"。价值，这里指买房的钱。⓭ **费衮**：南宋人，代表著作《梁溪漫志》记述了宋代的政事典章、考证史传、诗文评论、传闻琐事等。书中记载了苏轼的很多琐事。

参考译文

　　邵民瞻替苏东坡花五百缗钱买了一所房子，苏东坡掏光了所有积蓄，也只能勉强支付。他占卜选了一个吉日入住了新宅。一天夜晚，苏东坡和邵民瞻在月下散步，偶然到了一处村落，听到有一个老妇人哭得极其悲伤。苏东坡走近，靠着门细听，对邵民瞻说："奇怪啊，为什么哭得这么悲伤？莫不是失去了特别难以割舍的东西，伤到了她的心？我要问问她。"于是与邵民瞻推门而进。屋内有一个老妇人，看见苏东坡进来，她还是一样自顾自地哭泣。苏东坡问老妇人为什么哭得这么伤心。老妇人说："我家有一栋房子，传下来已有百年，一直保护着不敢有所变动，一直传到我。然而我儿子不成器，竟然把老宅变卖给了别人。我今天搬到了这里，一下子失去上百年的老房子，怎能不伤心呢？这就是我痛哭的原因。"苏东坡也为她感到非常难过，问她的老房子在哪里，原来竟是自己掏光所有积蓄买到的那一栋。苏东坡于是再三安慰老妇人，慢慢对她说："你的老房子是被我买了，你不必太悲伤，现在我把这房子退还给你。"于是就叫人拿来房契，当着老妇人的面烧了。他还招呼她儿子，叫他第二天接母亲回老屋去，竟然没索要买房的钱。

史书的三种重要体裁

"史部"是我国古代图书分类的一大部类，包括了各种体裁的历史著作。收录到"史部"之中的书，都是古人认为的历史类书籍。

"史部"之下，一般根据史书的体裁，分为纪传体、编年体、纪事本末体等类。

纪传体史书也有"正史"之称，即能代表古人正统观念并经过当时官方的认可，一般都编排在最前面，即用纪、传、表、志等体裁写成的史书。如《史记》《汉书》《后汉书》《三国志》《晋书》等，是我国最基本的历史资料。

编年体史书是以时间为中心，按照年、月、日的顺序，依次记述史事。它以时间为经，以史事为纬，比较容易反映出同一时期各个历史事件的联系。如《春秋》《左传》《资治通鉴》《汉纪》《后汉纪》《国榷》等。

纪事本末体史书是先将重要的事件分门别类，使之形成独立的篇章，然后按照时间顺序，详述事件发生的原因、过程和结果，完整地叙述一个历史事件的始末。如《宋史纪事本末》《元史纪事本末》等。

纪传体、编年体、纪事本末体是我国古代最常用的三种史书编写体裁，这三类史书，往往依次排在"史部"的最前面。

文苑小憩

古文游戏

一、《史记》是中国历史上第一部（　　　）。

    A．纪传体通史   B．编年史

    C．国别史   D．编年体通史

二、"建中靖国元年，东坡自儋北归，卜居阳羡。"一句中的"建中靖国元年"是（　　　）。

    A．王公纪年法   B．干支纪年法

    C．年号纪年法   D．生肖纪年法

三、猜谜语。

    1．凿壁偷光。(猜一西汉历史人物)

    谜底：＿＿＿＿＿＿＿＿＿

    2．红墙。(猜一古代地名)

    谜底：＿＿＿＿＿＿＿＿＿

    3．秀才当兵。(猜一成语)

    谜底：＿＿＿＿＿＿＿＿＿

    4．夕阳西下。(猜一古代地名)

    谜底：＿＿＿＿＿＿＿＿＿

    5．风调雨顺。(猜一南宋历史人物)

    谜底：＿＿＿＿＿＿＿＿＿

    6．三令五申。(猜一《西游记》人物)

    谜底：＿＿＿＿＿＿＿＿＿

九牛坝^① 观抵戏^② 记

初则累重案^③，一妇仰卧其上，竖双足承八岁儿，反复卧起，或鹄立^④合掌拜跪，又或两肩接足。儿之足亦仰竖，伸缩自如。间^⑤又一足承儿，儿拳曲如莲出水状。其下则二男子、一妇、一女童与一老妇，鸣金鼓，俚歌^⑥杂佛曲和^⑦之，良久乃下。

——彭士望^⑧

注释

❶ **九牛坝**：一乡下地名。❷ **抵戏**：古代一种技艺表演，类似今天的摔跤，也泛指杂技。❸ **累重案**：几张桌子叠起来。案，桌子。❹ **鹄立**：像天鹅那样单腿直立。❺ **间**：有时。❻ **俚歌**：民间歌谣。❼ **和**：应和。❽ **彭士望**：清初学者，著有《耻躬堂诗文合钞》等。

参考译文

一开始叠起了几张桌子，一名妇女仰卧在上面，竖起的双脚上托着一个八岁的小孩，小孩时而卧下，时而起立，有时单腿站立、双手合掌拜跪，又或者向后屈身直到两肩与脚相接。小孩的两只脚也能向上竖着，还能伸缩自如。妇女一会儿又用一只脚托住小孩，小孩的身体蜷曲得像出水莲花一样。下面则是两个男子、一个妇女、一个女孩和一个老妇，敲锣击鼓，用民歌小调夹杂着佛教歌曲作为伴奏，表演了很长时间才下来。

访古

古代的杂技

远古时代，人们在采集、生产和渔猎活动中，学习和掌握了投掷、攀缘、跳跃、涉水、搏斗等必需的生存技能，也逐渐发展出投石、角力、射箭、搏击等技巧性的游戏，这些形成了我国杂技艺术的雏形。

庖丁① 解② 牛

始臣之解牛之时，所见无非牛者；三年之后，未尝见全牛也。方今之时，臣以神遇而不以目视，官知③止而神欲④行。依乎天理⑤，批⑥大郤⑦，导⑧大窾⑨，因⑩其固然⑪，技经⑫肯⑬綮⑭之未尝，而况大軱⑮乎！良庖岁更⑯刀，割⑰也；族⑱庖月更刀，折⑲也。今臣之刀十九年矣，所解数千牛矣，而刀刃若新发⑳于硎㉑。

——《庄子》

注释

❶庖丁：庖，厨师。丁，厨师的名字。❷解：宰割。❸官知：这里指视觉。❹神欲：指精神活动。❺天理：指牛体的自然肌理结构。❻批：击，劈开。❼郤：同"隙"。❽导：引导。❾窾：骨节空穴处。❿因：依。⓫固然：指牛体本来的结构。⓬技经：指支脉、经脉。⓭肯：紧附在骨上的肉。⓮綮：筋骨结合处。⓯軱：股部的大骨。⓰更：更换。

⑰**割**：这里指生割硬砍。⑱**族**：众，指一般的。⑲**折**：用刀折断骨头。
⑳**发**：出。㉑**硎**：磨刀石。

参考译文

　　当初，臣开始宰牛的时候，不了解牛体的结构，看见的无非是整头的牛。三年之后，就再也看不见整头的牛了。现在宰牛时，臣只用精神去接触牛的身体就行了，而不必用眼睛去看，就像视觉停止活动只凭精神意念在行动。顺着牛体的肌理结构，劈开筋骨间大的空隙，沿着骨节间的空穴运刀，都是依顺着牛体本来的结构。宰牛的刀从来没有碰到经络相连的地方、紧附在骨头上的肌肉和肌肉聚结的地方，更何况牛股的大骨呢？技术高明的厨师每年换一把刀，因为他们用刀子来割肉。技术一般的厨师每月换一把刀，因为他们用刀子去砍骨头。臣的这把刀已经用了十九年了，宰的牛有数千头，而刀口还像刚从磨刀石上磨出来的一样。

核舟记

明有奇巧人①曰王叔远②，能以径寸之木，为③宫室、器皿、人物，以至④鸟兽、木石，罔不因势象形⑤，各具情态。尝贻余⑥核舟一，盖大苏⑦泛赤壁云⑧。

舟首尾长约八分有奇⑨，高可二黍⑩许。中轩⑪敞者为舱，箬篷⑫覆之。旁开小窗，左右各四，共八扇。启窗而观，雕栏相望⑬焉。闭之，则右刻"山高月小，水落石出"，左刻"清风徐来，水波不兴"，石青糁⑭之。

——魏学洢⑮

注释

❶ **奇巧人**：技艺奇妙精巧的人。奇，奇特。❷ **王叔远**：名毅，字叔远。明代民间微雕艺人。❸ **为**：做，这里指雕刻。❹ **以至**：以及。❺ **罔不因势象形**：都能就着木头原来的样子刻成各种事物的形象。罔不，无不，全都。因，就着。象，模仿，这里指雕刻。❻ **贻余**：赠给我。❼ **大苏**：指苏轼。❽ **云**：句尾语气助词。❾ **有奇**：多一点。奇，余数。❿ **黍**：去皮后叫黄米。另说古代一百粒黍排列起来的长度是一尺，因此一个黍粒的长度是一分。⓫ **轩**：高起。⓬ **箬篷**：用箬叶做的船篷。⓭ **望**：对着，面对着。⓮ **糁**：用颜料等涂上。⓯ **魏学洢**：明末散文家，此篇是他的传世名作。

参考译文

　　明朝有个手艺奇特精巧的人叫王叔远，他能用直径一寸左右的木头雕刻出宫室、器皿、人物，以及飞鸟走兽、树木石头，没有不按照木头的原形来雕饰模拟物体形态的，因此雕刻各有各的情趣神态。他曾送给我一只用桃核雕刻成的小船，刻的是苏东坡泛舟游览赤壁的情景。

　　核舟头尾长大约有八分多，高二分左右。中部高起而宽敞的地方是船舱，上面覆盖着用箬叶做成的船篷。船舱两旁开着小窗，左边和右边各四扇，总共八扇。打开船窗察看，可以看见雕花的栏杆左右相对。关上船窗来看，能欣赏到右边窗上刻着"山高月小，水落石出"，左边窗上刻着"清风徐来，水波不兴"，都涂上了石青颜色。

访古

古代的雕刻技术

　　中国雕刻艺术的历史悠久。最初，古人将象形文字和图腾刻在各种器物上，用于记录或祭祀。宋代，建筑木雕发展趋向成熟，李诫创作的建筑学著作《营造法式》中记载了关于建筑木雕的详细做法和图样。到了明清两代，木雕技艺更加精湛，画面构图更加立体化。

卖油翁

陈康肃公[1]善射，当世无双，公亦以此自矜。尝射于家圃，有卖油翁释担而立，睨[2]之久而不去。见其发矢十中八九，但微颔[3]之。

康肃问曰："汝亦知射乎？吾射不亦精乎？"翁曰："无他[4]，但手熟尔[5]。"

康肃忿然[6]曰："尔安[7]敢轻[8]吾射！"翁曰："以我酌[9]油知之。"乃取一葫芦置于地，以钱覆[10]其口，徐以杓[11]酌油沥[12]之，自钱孔入，而钱不湿。因曰："我亦无他，惟[13]手熟尔。"康肃笑而遣之[14]。

——欧阳修[15]

注释

❶ **陈康肃公**：指陈尧咨，谥号康肃，北宋人。公，旧时对男子的尊称。
❷ **睨**：斜着眼看，形容不在意的样子。❸ **颔**：点头。❹ **无他**：没有别的（奥妙）。❺ **但手熟尔**：不过手熟罢了。但，只，不过。熟，熟练。尔，同"耳"，相当于"罢了"。❻ **忿然**：气愤的样子。❼ **安**：怎么。
❽ **轻**：轻视。❾ **酌**：舀取，这里指倒入。❿ **覆**：盖。⓫ **杓**：同"勺"。
⓬ **沥**：注。⓭ **惟**：只，不过。⓮ **遣之**：让他走，打发他走。⓯ **欧阳修**：字永叔，号醉翁，晚年号六一居士。北宋政治家、文学家、史学家。

参考译文

康肃公陈尧咨擅长射箭，在世上没有第二个人能跟他相媲美，他也因此凭着这本领自夸。他曾经在家里的场地射箭，有个卖油的老翁放下担子，站在一旁斜着眼睛看着他，过了很久都不离开。那个老翁看他射箭十支中了八九支，只是微微点头。

陈尧咨问卖油翁："你也懂射箭吗？我的箭法不是很高明吗？"老翁说："没有别的奥妙，只不过手法熟练罢了。"陈尧咨听完气愤地说："你竟敢轻视我射箭的本领！"老翁说："凭我倒油的经验就能明白这个道理。"于是他取出一个葫芦放在地上，用一枚铜钱盖在葫芦口上，慢慢地用油勺舀油注入葫芦，油从钱孔注入而钱却没有湿。于是说："我也没有别的奥妙，只不过是手法熟练罢了。"陈尧咨笑着将他打发走了。

拾趣

有这样一个民间传说。明朝万历年间，皇帝为了抵御外敌，计划整修万里长城。当时，在长城的重要关隘山海关，有一块题字为"天下第一关"的牌匾，因年久失修，牌匾上的"一"字已脱落。皇帝募集各地书法名家，最后竟选中了山海关旁一家客栈的店小二。题字当天，只见店小二拿起一块抹布，往砚台里一蘸，大喝一声："一！"字就写成了。旁观的人纷纷惊叹。有人问他秘诀，他说："我只是每天在擦桌子时，望着牌楼上的字，一挥一擦而已。"他天天看，天天擦，久而久之，就熟能生巧了。

口 技 ①

京中有善口技者。会②宾客大宴③，于厅事之东北角，施八尺屏障，口技人坐屏障中，一桌、一椅、一扇、一抚尺④而已。众宾团坐。少顷，但闻屏障中抚尺一下⑤，满坐寂然，无敢哗者。

遥闻深巷中犬吠，便有妇人惊觉欠伸，其夫呓语⑥。既而儿醒，大啼。夫亦醒。妇抚儿乳⑦，儿含乳啼，妇拍而呜之。又一大儿醒，絮絮⑧不止。当是时，妇手拍儿声，口中呜声，儿含乳啼声，大儿初醒声，夫叱大儿声，一时齐发，众妙毕备。满坐宾客无不伸颈，侧目，微笑，默叹，以为妙绝⑨。

——林嗣环⑩

注释

❶ **口技**：杂技的一种。用口腔发音技巧来模仿各种声音。❷ **会**：适逢，正赶上。❸ **宴**：举行宴会。名词作动词用。❹ **抚尺**：艺人表演用的道具，也叫"醒木"。❺ **下**：拍。❻ **呓语**：说梦话。❼ **乳**：名词用作动词，喂奶。❽ **絮絮**：连续不断地说话。❾ **绝**：到了极点。❿ **林嗣环**：清代人，著有《岭南纪略》《荔枝话》《口技》等。他的文章生活气息浓厚，描写生动。

参考译文

　　京城有个擅长口技表演的人。正赶上有户人家宴请宾客，在大厅的东北角，安放了一座八尺高的屏风，表演口技的人坐在屏风里面，只备了一张桌子、一把椅子、一把扇子、一块醒木。众多宾客围绕着屏风坐下。一会儿，只听见屏风里面醒木一拍，全场立刻安静下来，没有人敢大声说话。

　　远远地听到幽深的巷子中有狗叫声，接着有妇女惊醒后打呵欠和伸懒腰的声音，她的丈夫在说梦话。过了一会儿孩子醒了，大声哭起来。丈夫也醒了。妇人安抚孩子，给孩子喂奶，孩子含着乳头哭着，妇人又轻声哼唱哄小孩入睡。又有一个大儿子醒了，絮絮叨叨地说个不停。在这时候，妇人用手拍孩子的声音，口里哼着哄孩子的声音，孩子边吃奶边哭的声音，大儿子刚醒过来的声音，丈夫责骂大儿子的声音，同时响起，各种声音都模仿得很到位。满座的宾客没有一个不伸长脖子，侧着眼睛，面带微笑，心中默默赞叹，认为奇妙极了。

拾趣

　　孟尝君在秦为相时，秦昭王听信谗言，软禁了孟尝君并准备杀掉他。孟尝君向秦昭王的宠妃求救。宠妃答应帮忙，但要一件狐白。狐白就是白狐皮大衣，孟尝君只有一件，而且已献给了秦昭王。怎么办呢？孟尝君召集门客商议，有一个门客说："我有办法。"这天深夜，门客从狗洞里潜入宫中，学狗叫骗过了守夜卫士，盗回了狐白。孟尝君把这件狐白献给了宠妃，宠妃便求秦昭王放过了他。

重阳节

重阳节是我国民间的传统节日，节期在每年的农历九月初九。这个节日源自天象崇拜，由上古先民在秋收时的祭祀演变而来。古时，重阳节的习俗有拜神祭祖、登高祈福、秋游赏菊等。

其中，拜神祭祖是重阳节的一大主题。我国古代属于农耕社会，重视祖先经验，自古就有礼敬祖先、慎终追远的礼俗观念。

重阳节登高祈福，源于气候特点以及古人对山岳的崇拜。重阳节登山"辞青"与古人在阳春三月春游"踏青"相对应。

重阳节正是菊花盛开时，是赏菊的最佳时期。而菊花被称为长寿之花，重阳节赏菊有祈求长生与延寿的意思。

后来，重阳节又添加了敬老尊长的内涵。因为"九"是个位数字中最大的，"九"与"久"谐音，有"久长""久远"的意思，因此含有长长久久、长寿尊贵的寓意。人们在重阳节这天聚会，相约登高赏菊，以祈求老人们健康长寿。

文苑小憩

古文游戏

一、下面有四句诗，与重阳节有关的是（　　　）

　　A. 举头望明月，低头思故乡。

　　B. 借问酒家何处有，牧童遥指杏花村。

　　C. 千门万户曈曈日，总把新桃换旧符。

　　D. 独在异乡为异客，每逢佳节倍思亲。

二、古人在重阳节观赏的花是以下哪种？

弹　棋[1]

弹棋始自魏，宫内用妆奁[2]戏。文帝[3]于此戏特妙[4]，用手巾角拂[5]之，无不中[6]。有客自云能[7]，帝使为之。客著葛巾[8]角，低头拂棋，妙逾[9]于帝。

——《世说新语》

注释

❶ **弹棋**：一种棋类游戏。❷ **妆奁**：装梳妆物件的匣子。❸ **文帝**：指魏文帝曹丕。❹ **于此戏特妙**：对于这种游戏非常擅长。❺ **拂**：击打。❻ **中**：打中。❼ **自云能**：自称很厉害。❽ **葛巾**：用葛布制成的头巾。❾ **妙逾**：更为巧妙。

参考译文

　　弹棋的游戏是从魏开始的，宫女们用梳妆的匣子来游戏。魏文帝对这种游戏特别擅长，他能用手巾的角弹起棋子，没有弹不中的。有位客人自称玩这种游戏很厉害，文帝就叫他试一试。客人戴着葛巾，低着头用葛巾角去拨动棋子，比文帝做得更为巧妙。

弹　棋

　　弹棋是我国古代的一种棋类游戏。弹棋的棋盘很特殊，像一个隆起的小山包，底座是方形，顶部是圆形，象征天圆地方。弹棋的玩法，历代文献记载不一，魏晋时期是两人对局，分别执黑白各六枚棋子。到了唐代，演变为两人分别执黑红各十二枚棋子，用自己的棋子去击打对方的棋子。

投 壶①

武帝②时，郭舍人③善投壶。以竹为矢④，不用棘⑤也。古之投壶，取中而不求还⑥，故实小豆，恶⑦其矢跃而出也。郭舍人则激矢令还，一矢百余反，谓之为"骁"，言如博之竖棋，于辈中为骁杰也。每为武帝投壶，辄⑧赐金帛。

——刘　歆

注释

❶投壶：古代的一种游戏，把箭投进壶里来比赛。❷武帝：指汉武帝刘彻。❸郭舍人：汉武帝身边的一个从事歌舞杂技的艺人。❹矢：箭。❺棘：一种矮小多刺的灌木。❻还：同"返"，返回。❼恶：厌恶，不喜欢。❽辄：总是。

参考译文

　　汉武帝时，郭舍人擅长玩投壶游戏。他投壶用的是竹子制作的箭，不是用棘制作的箭。古人玩投壶，只看是否投中，不看投中后能不能反弹回来，所以古人不喜欢用豆子去投，因为厌恶投中后又会反弹出来。郭舍人却用力投箭让它反弹回来，投一支可以反弹一百多次，这种玩法被称为"骁"，就像玩羿棋一样。郭舍人在当时玩投壶的人中，是最杰出的高手。他每次为汉武帝投壶，都能获得皇帝赏赐给他的黄金、丝帛等物。

访古

投 壶

投壶是古代士大夫宴饮时玩的一种投掷游戏，也是一种礼仪。规则是把箭往壶里投，投中多的为胜。投壶在战国时期较为盛行，在唐朝得到发扬光大。

春秋战国时期，主人宴请宾客时的礼仪之一就是邀他们投壶。那时，成年男子不会射箭被视为耻辱。主人请客人射箭，客人一般是不能推辞的。后来，因有的客人确实不会射箭，就用投壶代替。

杖鼓[1]

　　唐之杖鼓，本谓之"两杖鼓"，两头皆用杖。今之杖鼓，一头以手拊[2]之，则唐之"汉震第二鼓"也。明帝[3]、宋开府[4]皆善此鼓。其曲多独奏，如鼓笛曲是也。今时杖鼓，常时只是打拍，鲜有专门独奏之妙，古典悉皆散亡。顷年王师南征[5]，得《黄帝炎》[6]一曲于交趾[7]，乃杖鼓曲也。

——沈　括

注释

❶ **杖鼓**：杖击之鼓。❷ **拊**：拍打。❸ **明帝**：指唐明皇，他爱好演奏乐器。
❹ **宋开府**：唐代著名宰相宋璟的别称。❺ **王师南征**：指宋灭南唐之役。
❻ **《黄帝炎》**：曲名。炎，一种曲调类型，也作"盐"。❼ **交趾**：古代地名，在今越南河内。

参考译文

唐代的杖鼓，本来称为"两杖鼓"，两头都能用鼓槌敲击。现在的杖鼓，一头用鼓槌敲，另一头用手拍打，则是唐人所称的"汉震第二鼓"。唐明皇、宋开府宋璟都擅长两杖鼓。两杖鼓演奏的曲子多是专用的，如鼓笛曲就是。现在的杖鼓，通常只是用来击打节拍，很少有专门独奏的妙用，旧时杖鼓曲也全都散失了。当年王师南征时，于交趾搜集到一曲《黄帝炎》，就是杖鼓曲。

访古

杖 鼓

杖鼓，是我国古代一种腰鼓类乐器。杖鼓在唐朝时就有记载，但最盛行是在辽、金、宋、元时期。杖鼓使用时，横挂胸前，鼓身常常系有披巾。

醉翁亭记

zuì wēng tíng jì

负者① 歌于途，行者休于树②，前者
呼，后者应，伛偻③ 提携④，往来而不绝
者，滁人游也。临⑤ 溪而渔⑥，溪深而鱼
肥，酿泉为酒，泉香而酒冽⑦，山肴野蔌⑧，
杂然⑨ 而前陈⑩ 者，太守宴也。宴酣⑪ 之
乐，非丝非竹，射⑫ 者中，弈⑬ 者胜，觥
筹交错⑭，起坐而喧哗者，众宾欢也。苍
颜⑮ 白发，颓然⑯ 乎其间者，太守醉也。

——欧阳修

注释

❶ 负者：背着东西的人。❷ 休于树：在树下休息。❸ 伛偻：腰背弯曲的样子，这里指老年人。❹ 提携：被大人领着走，这里指小孩子。❺ 临：来到。❻ 渔：捕鱼。❼ 冽：清澈。❽ 山肴野蔌：野菜。蔌，菜蔬。❾ 杂然：杂乱的样子。❿ 陈：摆开，陈列。⓫ 酣：尽情地喝酒。⓬ 射：这里指投壶。⓭ 弈：下棋。⓮ 觥筹交错：酒杯和酒筹交互错杂。⓯ 苍颜：容颜苍老。⓰ 颓然：倒下的样子。

参考译文

　　背着东西的人在路上唱歌，来往的行人在树下休息，前面的呼唤，后面的答应，老人弯着腰走，小孩子由大人领着走。来来往往不断的行人，是出来游玩的滁州人。到溪边钓鱼，溪水很深，鱼肉肥美；用泉水酿酒，醇香而清洌；野味野菜，横七竖八地摆在面前的，那是太守主办的宴席。宴会喝酒的乐趣，不在于音乐；投壶的射中了，下棋的赢了，酒杯和酒筹交互错杂；时起时坐大声喧闹的人，是欢乐的宾客们。一位容颜苍老、头发花白的人醉醺醺地坐在众人中间，那是喝醉了的太守。

促织①

村中少年好事者驯养一虫，自名"蟹壳青"，日与子弟角，无不胜。欲居之以为利，而高其直②，亦无售者③。径造庐④访成⑤，视成所蓄，掩口胡卢⑥而笑。因出己虫，纳比笼⑦中。成视之，庞然修伟，自增惭怍，不敢与较。少年固强之⑧。顾⑨念蓄劣物终无所用，不如拼博一笑，因合纳斗盆。小虫伏不动，蠢若木鸡。少年又大笑。试以猪鬃毛撩拨虫须，仍不动。少年又笑。屡撩之，虫暴怒，直奔，遂相腾击，振奋作声。俄见小虫跃起，张尾伸须，直龁⑩敌领⑪。少年大骇，解令休止。虫翘然矜鸣⑫，似报主知。

——蒲松龄⑬

注释

❶ **促织**：蟋蟀，俗名蛐蛐。古代曾经流行斗蛐蛐游戏。❷ **高其直**：抬高它的价值。直，同"值"。❸ **售者**：这里指买主。❹ **造庐**：到家。造，到。❺ **成**：指故事主人公成名。❻ **胡卢**：从喉咙发出的笑声。有轻蔑之意。❼ **比笼**：用以盛放准备打斗的蟋蟀的容器。❽ **固强之**：坚持要较量较量。固，坚持。强，迫使。❾ **顾**：但。❿ **龁**：咬。⓫ **领**：脖子。⓬ **翘然矜鸣**：鼓起翅膀得意地叫。翘，举。矜，夸耀。⓭ **蒲松龄**：字留仙，自称"异史氏"，世称"聊斋先生"，清代文学家，著有《聊斋志异》。

参考译文

　　村里有个喜欢多事的年轻人，养了一只蟋蟀，自己给它取名叫"蟹壳青"，他每天跟其他年轻人斗蟋蟀，没有一次不胜的。他想留着它作为奇货来牟取暴利，抬高价格，但是没有人买。一天，这个年轻人直接上门来找成名，看到成名所养的蟋蟀，只是捂着嘴笑。接着取出自己的蟋蟀，放进比试的笼子里。成名一看对方那只蟋蟀又长又大，越发羞愧，不敢拿自己的小蟋蟀与之较量。少年坚持要斗。成名转念一想，养着这样不中用的东西终究没有什么用处，不如让它斗一斗，博得一笑，因此就把蟋蟀一起放在斗盆里。成名的小蟋蟀趴着不动，呆若木鸡，少年又大笑。试着用猪鬃毛撩拨小蟋蟀的触须，小蟋蟀仍然不动，少年又大笑。撩拨了它好几次，小蟋蟀突然大怒，直往前冲，跳起来攻击对方，并振翅叫唤。一会儿，只见小蟋蟀跳起来，张开尾，竖起须，一口直咬着对方的脖颈。少年大惊，急忙把它们分开，停止了扑斗。小蟋蟀振起翅膀，得意地鸣叫着，好像给主人报捷一样。

子 部

子部，是我国古代图书四部分类法（经、史、子、集）中的第三大类。包括诸子百家及艺术、谱录等书。

子部的书分为儒家、兵家、法家、农家、医家、天文算法、术数、艺术、谱录、小说家、释家、道家、杂家、类书等十四类。

儒家：崇奉孔子等人学说的重要学派。

兵家：古时对军事家或善于用兵者的通称，以孙武、孙膑等为代表。

法家：提倡法治，以商鞅、韩非子等人为代表。

农家：反映农业生产和农民思想的学术派别。

医家：即医学学派，以张仲景、孙思邈、李时珍等为代表。

天文算法：即研究天文星象、推算历法的书。

术数：即占卜、预测等方术，通过观察人、物等来推测气数和命运。

艺术：泛指"礼、乐、射、御、书、数"六艺以及术数方技等各种技术、技能。

谱录：记载器物、食谱、草木鸟兽虫鱼等的表册。

小说家：采集记录民间传说议论，借以考察民情风俗。

释家：即佛教，因佛教创始人为释迦牟尼而得名。

道家：主张顺应自然，无为而治，以老子、庄子为代表人物。

杂家：有观点但不能自成一类的，归入杂家。

类书：辑录经、史、子、集各类著作，所收内容十分广泛，是古代的百科全书。

文苑小憩

古文游戏

一、"一门三父子，都是大文豪。诗赋传千古，峨眉共比高。"是指（　　）。

    A. 曹操、曹丕、曹植　　　　　B. 苏洵、苏轼、苏辙

    C. 班彪、班固、班超　　　　　D. 杜甫、杜牧、杜荀鹤

二、韩非子是先秦法家的集大成者，他创建了以"法""势""术"为核心的法律理论。请根据提示，将"法""势""术"填入合适的位置。

三、观察下面的图片，选择与之相关的类别连线。

    农家　　　　　　医家　　　　　　谱录　　　　　　释家

蝴蝶泉 ①
hú dié quán

山麓② 有树大合抱③，倚崖而耸立，下有泉，东向漱④ 根窍而出，清冽可鉴⑤。泉上大树，当四月初，即发花如蛱蝶，须翅栩然⑥，与生蝶⑦ 无异。又有真蛱千万，连须钩足，自树巅倒悬而下，及于泉面，缤纷络绎，五色焕然⑧。游人俱⑨ 从此月，群而观之，过五月乃已⑩。

——徐霞客

注释

❶ 蝴蝶泉：位于今云南苍山。❷ 山麓：山脚下。❸ 合抱：两臂合拢，指树的粗细。❹ 漱：用水清洗。❺ 可鉴：可以当镜子照。❻ 栩然：栩栩如生。❼ 生蝶：活的蝴蝶。❽ 焕然：光彩夺目的样子。❾ 俱：都。❿ 已：停歇。

参考译文

山脚下有一棵需要两臂合拢才抱得住的大树，靠着山崖高高地耸立，树下面有一泓泉水自树的根部向东流出，清得可以用来照镜子。泉上这棵大树每年四月初开花，花形像蝴蝶，触角和翅膀栩栩如生，像真的蝴蝶一样。那成千上万的真蝴蝶又须尾相连，从树梢悬挂而下，直垂到水面上，五彩缤纷。游人从那时开始都成群结队前来观看，一直过了五月才停歇。

链接

　　徐霞客的父亲一生不愿为官，喜欢到处游览欣赏山水景观。受家庭环境的影响，徐霞客幼年尤其喜欢阅读相关书籍。

　　《徐霞客游记》是徐霞客创作的一部日记体地理著作，对当时的地理、水文、地质、植物等现象都做了详细记录，在地理学和文学上都卓有成就。

百丈山^①记

bǎi zhàng shān jì

日薄^②西山，余光横照，紫翠重叠，不可殚^③数。旦起下视，白云满川^④，如海波起伏。而远近诸山出其中者，皆若飞浮^⑤来往。或涌或没，顷刻万变。台东径^⑥断，乡人凿石容磴^⑦以度^⑧，而作神祠于其东，水旱祷^⑨焉。畏险者或不敢度。然山之可观者，至是则亦穷^⑩矣。

——朱 熹

注释

❶ 百丈山：在今江西奉新。❷ 薄：迫近。❸ 殚：尽。❹ 川：平野，平地。❺ 飞浮：飘飞浮动。❻ 径：小路。❼ 磴：石级。❽ 度：渡过。这里指通行。❾ 祷：祈祷。❿ 穷：尽。

参考译文

　　太阳迫近西山了，余光横射过来，紫色和翠绿色重重叠叠，数也数不完。早晨起来往山下望去，白云铺满平野，就像大海的波涛一起一伏。而远远近近从云中露出来的山峰，就像正在来往飘飞浮动一样。有的涌出，有的沉没，转眼之间千变万化。石台往东的小路断绝了，当地的人凿出一些仅能容下脚的石级来通行，并在东面建了一座神祠，遇到水涝或旱灾就到那里去祈祷。有的害怕危险的人就不敢过去。然而山上可观赏的景致，到这里也就没有了。

诵读

文章记述了百丈山优美的景色，可以用悠闲轻缓的语气来朗读。一些形象生动的词句，如"白云满川""如海波起伏""若飞浮来往"，应用赞叹的语气、上扬的语调。"然"字用转折语气，稍微拖长语调。

小石潭记

从小丘西①行百二十步，隔篁竹②，闻水声，如鸣珮环③，心乐之。伐竹取④道，下见小潭，水尤清冽。全石以为底，近岸，卷石底以出，为坻，为屿，为嵁，为岩⑤。青树翠蔓，蒙络摇缀，参差披拂。

潭中鱼可百许头，皆若空游无所依，日光下澈，影布石上。佁然⑥不动，俶尔⑦远逝，往来翕忽⑧，似与游者相乐。

潭西南而望，斗折蛇行⑨，明灭可见。其岸势犬牙差互⑩，不可知其源。

——柳宗元⑪

注释

❶ **西**：向西，名词作状语。❷ **篁竹**：成林的竹子。❸ **如鸣珮环**：好像人身上佩戴的珮环相碰击发出的声音。鸣，使……发出声音。❹ **取**：这里指开辟。❺ **为坻，为屿，为嵁，为岩**：成为坻、屿、嵁、岩各种不同的形状。坻，水中高地。屿，小岛。嵁，不平的岩石。岩，悬崖。❻ **怡然**：呆呆的样子。❼ **俶尔**：忽然。❽ **翕忽**：轻快敏捷的样子。翕，迅疾。❾ **蛇行**：像蛇爬行那样弯曲。❿ **差互**：互相交错。⓫ **柳宗元**：唐代文学家，"唐宋八大家"之一。他的作品以山水游记最为脍炙人口。

参考译文

从小丘向西走一百二十多步，隔着竹林就能听到水声，像人身上佩戴的珮环相碰击发出的声音，我心里很高兴。砍倒竹子，开辟出一条道路走过去，沿路走下去看见一个小潭，潭水十分清凉。小潭以整块石头为底，靠近岸边，石底有些部分翻卷着露出水面，变成水中高地、小岛、不平的岩石和石崖等各种形状。青翠的树木，翠绿的藤蔓，遮掩缠绕，摇动下垂，参差不齐，随风飘拂。

潭中的鱼有一百来条，都像是在空中游动，没有依靠什么。阳光直照到水底，鱼的影子映在石上，呆呆地停在那里丝毫不动，忽然间又向远处游去，来来回回，轻快灵敏，好像和游玩的人互相取乐。

向小石潭的西南方望去，看到溪水像北斗星那样曲折，水流像蛇那样蜿蜒前行，有时看得见，有时看不见。两岸的地势像狗的牙齿那样相互交错，无法得知溪水的源头。

链接

柳宗元与韩愈并称为"韩柳"，与刘禹锡并称为"刘柳"，与王维、孟浩然、韦应物并称为"王孟韦柳"。柳宗元的山水游记在中国文学史上具有独特的地位，以他被贬后在永州的作品为最佳。

与朱元思①书

风烟俱净②，天山共色。从③流飘荡，任意东西。自富阳至桐庐一百许④里，奇山异水，天下独绝。

水皆缥碧⑤，千丈见底。游鱼细石，直视无碍。急湍甚箭，猛浪若奔。

夹岸高山，皆生寒树⑥，负势竞上，互相轩邈⑦，争高直指，千百成峰。泉水激石，泠泠⑧作响；好鸟相鸣，嘤嘤成韵。蝉则千转不穷，猿则百叫无绝。鸢飞戾⑨天者，望峰息心；经纶⑩世务者，窥谷忘反⑪。横柯⑫上蔽，在昼犹昏；疏条交映，有时见日。

——吴　均⑬

注释

❶ **朱元思：**作者的好友。❷ **净：**消散尽净。❸ **从：**跟、随。❹ **许：**表示约数。❺ **缥碧：**青白色。❻ **寒树：**使人看了有寒意的树，形容树密而绿。❼ **轩邈：**轩，向高处伸展。邈，向远处伸展。❽ **泠泠：**拟声词，形容水声清越。❾ **戾：**至。❿ **经纶：**筹划、治理。⓫ **反：**同"返"，返回。⓬ **柯：**树木的枝干。⓭ **吴均：**南朝文学家、史学家，以小品书札见长，文笔清新。

参考译文

风和烟都消散了，天和山同色。随着江流漂荡，向东或向西漂流。从富阳到桐庐距离一百里左右，奇异的山水，天下独一无二。

水都是青白色的，清澈的水千丈也能见底。游动的鱼儿和细小的石头，可以直接看见。湍急的水流比箭还快，凶猛的巨浪就像奔腾的骏马。

两岸高山上的树密而绿，让人心生寒意，高山凭着山势，争着向上，彼此都争着往高处和远处伸展；群山竞争着高耸，笔直地向上形成了无数个山峰。泉水飞溅，发出清越的响声；美丽的鸟相互和鸣，鸣声和谐动听。蝉儿不停地叫着，猿猴长时间地叫个不停。像鸢鸟飞到天上为名利而极力追求的人，看到这些雄奇的高峰，追逐功名利禄的心也就平静下来；那些忙于政务的人，看到这幽美的山谷，也会流连忘返。上面横斜的树枝遮蔽着，即使在白天，也像黄昏那样阴暗；稀疏的枝条交相掩映，有时也能见到阳光。

诗词

胡无人行

[南朝·梁] 吴　均

剑头利如芒，恒持照眼光。

铁骑追骁虏，金羁讨黠羌。

高秋八九月，胡地早风霜。

男儿不惜死，破胆与君尝。

始得西山宴游记

今年九月二十八日，因坐法华西亭，望西山，始指异①之。遂命仆人，过湘江②，缘染溪③，斫④榛莽⑤，焚茅茷⑥，穷山之高而止。攀援而登，箕踞⑦而遨，则凡数州之土壤⑧，皆在衽席之下。其高下之势，岈然⑨，洼然⑩，若垤⑪，若穴。尺寸千里，攒蹙⑫累积，莫得⑬遁隐。萦青缭白，外与天际⑭，四望如一。然后知是山⑮之特立，不与培塿⑯为类。悠悠乎⑰与颢气⑱俱，而莫得其涯；洋洋乎⑲与造物者⑳游，而不知其所穷。

——柳宗元

注释

❶ **指异**：指点而称异。❷ **湘江**：应为潇水。❸ **染溪**：潇水支流。❹ **斫**：砍伐。❺ **榛莽**：指杂乱丛生的荆棘灌木。❻ **茅茷**：指长得繁密杂乱的野草。茷，草叶茂盛。❼ **箕踞**：像簸箕一样蹲坐着。❽ **土壤**：土地，指地域。❾ **岈然**：高山深邃的样子。❿ **洼然**：深谷低洼的样子。⓫ **垤**：蚁封，即蚂蚁洞边的小土堆。⓬ **蹙**：紧缩在一起。⓭ **莫得**：没有什么能够。莫，没有什么。得，能。⓮ **际**：接近。⓯ **是山**：这座山，指西山。⓰ **培塿**：小土堆。⓱ **悠悠乎**：渺远貌。⓲ **颢气**：天地间的大气。⓳ **洋洋乎**：广大貌。⓴ **造物者**：指天地、自然。

参考译文

　　今年九月二十八日，我因为坐在法华寺西亭，得以远远眺望西山，指着山的轮廓觉得它奇特。于是，我命令仆人渡过湘江，沿着染溪，砍掉荆棘，焚烧乱草，一直到山顶才停止。我们随后攀上山顶，随意坐下观赏四周的风景，附近几个州的土地，全都在我们的坐席之下了。这几个州的地势高低不平，高处是深山，低处是洼地，像蚁封，像洞穴。看上去好像只有尺寸远，实际上有千里之遥。千里之内的景物聚集、缩小、累积在眼下，没有什么能隐藏的。青山萦回，白水缭绕，在远处与天边相接，向四面望去都是一样的景象。登上山顶才知道这座山特别突出，与小土丘不一样。这景象多么辽阔浩渺啊，像与天地间的大气合一，而不能了解它的边际；这景象多么广阔壮观啊，好像与大自然交游，却不知道它的尽头。

诗词

与崔策登西山（节选）

［唐］柳宗元

鹤鸣楚山静，露白秋江晓。

连袂度危桥，萦回出林杪。

西岑极远目，毫末皆可了。

重叠九疑高，微茫洞庭小。

集　部

集部，是我国古代图书四部分类法（经、史、子、集）中的第四大类。"集"的本义是"群鸟在木"，引申为集合、汇集之意。集部收录的是历代作家一人或多人的散文、骈文、诗、词、散曲等集子以及文学评论等著作。

集部一般分为别集、总集、楚辞、诗文评、词曲等五类。

别集是个人作品的合集。根据年代先后，有前集、后集之分；根据作品质量的区别，有正集、外集的不同；根据内容多少，有全集、选集之别；根据作品体裁，有文集、诗集、诗文合集的差异。别集有作者自己编辑、门人后学编辑、后人亲朋编辑等几种情况。

总集是各家作品的综合集。总集的类型很多，有诗总集、文总集、一个地方的诗总集、一个地方的文总集、一个家族的诗文总集，等等。

楚辞类，收录了不到20篇的"楚辞"（相传是屈原创作的一种新诗体，具有浓厚的地方色彩）以及各种注释著作，数量很少。

诗文评收录的是论文评诗的著作，词曲类则收录词别集、词总集、杂剧、传奇、散曲、弹词、鼓词等著作。

文苑小憩

古文游戏

我国南戏五大传奇除了《荆钗记》《白兔记》《拜月亭》《杀狗记》，还包括（　　）。

A.《琵琶记》　　　　　　B.《单刀会》
C.《西厢记》　　　　　　D.《汉宫秋》